VIVERE DI RENDITA
A 40 ANNI
IN BRASILE

VIVERE DI RENDITA
A 40 ANNI

IN BRASILE

Edizione 2010
© Copyright Brazil Real Property 2010
Tutti i diritti riservati

ISBN 978-1-4457-0059-5
90000

GAROTA DE IPANEMA

Olha que coisa mais linda,
Mais cheia de graça
E ela menina
Que vem que passa
Num doce balanço
Caminho do mar

Moça do corpo dourado
Do sol de ipanema
O seu balançado
E mais que um poema
E a coisa mais linda
Que eu já vi passar

Ah, porque estou tão sozinho
Ah, porque tudo e tão triste
Ah, a beleza que existe
A beleza que não é só minha
Que também passa sozinha

Ah, se ela soubesse
Que quando ela passa
O mundo sorrindo
Se enche de graça
E fica mais lindo
Por causa do amor

Vinicius de Moraes / Antonio Carlos Jobim (O Maestro)

RAGAZZA DE IPANEMA

Guarda che cosa bella
piena di grazia
è lei, la ragazza
che sta passando
dondolandosi dolcemente
camminando verso il mare

Ragazza dal corpo dorato
dal sole di Ipanema
il suo dondolio
vale più di una poesia
è la cosa più bella
che ho mai visto passare

Ah, perché sto così solo
ah, perché tutto è così triste
ah, la bellezza che esiste

La bellezza che non è solo mia
anche lei passa da sola

Ah, se lei sapesse
che quando passa
il mondo sorride
si riempie di grazia
e diventa più bello
a causa dell'amore

Vinicius de Moraes / _Antonio Carlos Jobim_ (O Maestro)

INDICE

PREFAZIONE

La globalizzazione che prometteva, dopo il crollo dell'Unione Sovietica e la conseguente fine della guerra fredda, un periodo di pax augustea, non ha mancato di rivelare l' ennesimo inganno: ed il mondo torna ad essere per pochi potenti elitisti la scacchiera di giochi di strategia geopolitica sempre più pervasivi; noi le pedine sacrificali spesso ignare del gioco.

In questo scenario in rapido mutamento, è più che mai fondamentale capire dove il mondo sta andando... o piuttosto DOVE, NEL MONDO E' MEGLIO ANDARE!

Con questo nuovo lavoro editoriale vogliamo consolidare l'opinione, avvalorata da esperienze personali, che il Brasile è fra i pochi paesi ancora in crescita al mondo e sopratutto una delle ultime frontiere dove costruire un futuro possibile.

Il Brasile è magico! Il paradiso è qui!

Paradiso grazie alle sue bellezze naturali, al sorriso e alla naturale cordialità della gente, al buon cibo, a 365 giorni di sole l'anno, all'atmosfera e alle sensazioni che si vivono qui.

"VIVERE DI RENDITA IN BRASLE A 40 ANNI"

Con questa nuova guida pratica vogliamo condividere questo luogo magico insieme a Voi.
Il paradiso esiste!

RITIRARSI IN BRASILE A 40 ANNI

Uno dei problemi maggiori con cui si scontra chi pianifica di trasferirsi in Brasile è quello del lavoro. Riceviamo quotidianamente delle richieste di amici che chiedono se la loro esperienza di lavoro in Italia può servire qui in Brasile.

Premesso che il Brasile è un "continente" con notevoli differenze economiche tra il sud ed il nord, e che la maggioranza degli italiani vuole trasferirsi nel Nordest del Brasile, da Bahia in su per intenderci, ecco che il problema lavoro diventa un vero... problema.

A differenza che in Italia infatti il Nord è la parte meno sviluppata industrialmente ed economicamente e si regge prevalentemente sulla sussistenza del governo federale, l'agricoltura, l'allevamento del bestiame ed il turismo.

Pertanto, a meno che non abbiate esperienza in queste aree, risulta molto difficile trovare una occupazione. Di fatti la maggioranza degli italiani lavorano nel settore turistico (Hotel, pousade, ristoranti, bar, affitto auto, produzione o importazione di prodotti alimentari tipici, affitto, vendita e costruzione di immobili a prevalente destinazione turistica, etc...).

Esiste tuttavia una via del tutto nuova per risolvere il problema del lavoro. Questa, a differenza delle altre non richiede grossi investimenti in attrezzature ma un modesto investimento in know how e, come in tutte le attività tanta determinazione, soprattutto nella fase iniziale.

Ma andiamo con ordine. Innanzitutto non ci si sveglia una mattina e si decide di mandare tutto a quel paese e trasferirsi al caldo magari in riva al mare sorseggiando un cocco verde ben gelato.

Il processo è generalmente lungo ed è importante dominarlo per non prendere decisioni affrettate.

Il fenomeno del Downshifting o Ridurre la marcia puo' essere alla base del metodo per ritirarsi prima che arrivi la vecchiaia e di conseguenza si ingrani un'altra marcia ... quella funebre!

Nel ns. caso avevamo all'incirca 20 anni quando decidemmo che a 30 anni ci saremmo trasferiti da qualche parte ai tropici.
Consigliamo tutti coloro che stanno seriamente pensando di trasferirsi in Brasile di documentarsi anche sul Downshifting perche' può aiutarvi a raggiungere prima il vostro obiettivo.
Nel prossimo capitolo incominceremo a parlare dei metodi per guadagnare quel tanto che serve per ritirarsi in Brasile anche grazie al programma di semplificazione dello stile di vita ormai conosciuto come Downshifting.

DOWNSHIFTING

Semplicità volontaria è, in lingua italiana, il neologismo che definisce quello che, principalmente nel mondo anglosassone, viene chiamato all'interno del mondo del lavoro il downshifting, parte integrante del più vasto concetto del *lifestyle*, lo stile di vita, o *simple living*, del vivere in semplicità. La scelta da parte di diverse figure di lavoratori, particolarmente professionisti, di giungere ad una libera, volontaria e consapevole autoriduzione del salario bilanciata da un minore impegno in termini di ore dedicate alle attività professionali, in maniera tale da godere di maggiore tempo libero (famiglia, ozioso relax, hobbystica, etc...).

Questa innovazione all'interno delle filiere produttive industriali ed economiche ha dato vita ad un vero e proprio movimento di pensiero ed è considerata dai sociologi una delle più eclatanti e vistose conseguenze di uno fra i molti mutamenti sociali e di costume intervenuti negli ultimi anni nell'ambito del mondo del lavoro.

Assumendo come termini di riferimenti il *downshifting* (e il conseguente *downshifter*, ovvero colui che attua la scelta di preferire una maggiore disponibilità di tempo libero al miraggio di possibili brillanti carriere professionali), va detto che su tale fenomeno si sono innestati studi sociologici tesi a comprendere la reale portata del cambiamento anche sotto l'aspetto puramente del costume all'interno di concetti ormai ampiamente diffusi come quelli concernenti la qualità della vita nell'era del consumismo.

Il termine *downshifting*, a cui è stata dedicata, per iniziativa della Gran Bretagna, la settimana dal 23 al 29 aprile 2007, è apparso per la prima volta nel 1994 sul *Trends Research Institute* di New York City. A distanza di una dozzina di anni è stato acquisito dal *New Oxford Dictionary* che ne ha fissato il valore lessicale individuandone il significato nel (libero) scambio di *una carriera economicamente soddisfacente* ma evidentemente stressante, *con uno stile di vita meno faticoso e meno retribuito ma più gratificante.*

Va da sé che alle spalle di una tale scelta paiono esservi motivazioni altre e alte, come una maggiore considerazione per i temi dell'ecologia, della salute fisica e psicologica e, in ultima analisi, per una visione della vita in minore chiave consumistica (dove l'equazione meno lavoro meno guadagno pare fare fede a sufficienza), oltre che per un recupero di valori da tempo dati per superati come una rivalutazione dell'ozio e il recupero del concetto di lentezza, i mali che una economia *drogata* può portare con sé.

Direttamente o indirettamente sul tema della *semplicità volontaria* (o *downshifting* che dir si voglia) sono stati pubblicati alcuni testi che paiono costituire una base bibliografica di riferimento per questo argomento e che possono essere riassunti nei seguenti autori e rispettivi titoli:

- Christoph Baker, *Ozio, lentezza e nostalgia*
- Pierre Sansot, *Buon uso della lentezza*
- Tom Hodgkinson, *L'ozio come stile di vita*
- Viviane Forrester, *L'orrore economico*

Fra le personalità simbolo del nuovo movimento dei *downshifter* ne viene indicata una di particolare rilievo per il ruolo occupato, pubblico e politicamente importante: ovvero Robert Reich, docente universitario e segretario di stato al Lavoro dal 1993 al 1997 sotto la presidenza USA di Bill Clinton che decise, al principio del secondo mandato presidenziale di Clinton, di non seguirlo e di dimettersi per dedicare, per sua stessa ammissione, più tempo ai suoi figli.

Fonte WIKIPEDIA

LE CLASSI DI REDDITO IN BRASILE

L'IGBE (Istituto Brasiliano di Geografia e Statistica) suddivide la popolazione brasiliana in tre classi , in funzione del reddito mensile percepito . La classe alta (AB) con reddito superiore a R$4807 i (circa 2.100 euro) , la classe media (C) con reddito compreso tra R$ 1115 e R$ 4807 ed i poveri con una rendita inferiore a R$ 768.

La notizia è che negli ultimi cinque anni , dal 2003 al 2008 , ben 25,8 milioni di brasiliani sono entrati nella classe media (+ 31%) e circa 6 milioni nella classe alta (+37%). Questo significa che quasi metà della popolazione il 49,22% o 97,1 milioni di brasiliani sono nella classe media e poco più del 10% nella classe alta . Restano comunque 30 milioni di brasiliani al di sotto della soglia della povertà .

Al di là dei dati la ns. esperienza diretta è che il Brasile sta realmente sperimentando un periodo di crescita senza precedenti. Le grandi città sono cantieri a cielo aperto. L'unico mercato immobiliare in crisi è quello turistico perchè influenzato dalle crisi americane ed europee. Tutto questo rappresenta per i residenti stranieri un problema ed una opportunità.

Un problema perchè chi pensa di vivere con una rendita proveniente dall'Italia vede il suo potere di acquisto ridursi drasticamente ed una opportunità per coloro che invece traggono la loro reddita direttamente dal Brasile o con una attività o mediante investimenti immobiliari e finanziari. Ma un passo alla volta, inanzitutto analizziamo quando costa vivere in Brasile.

TRASFERIRSI IN BRASILE

Quanto espresso qui di seguito, è frutto di valutazioni personali. Abbiamo cercato di essere quanto più possibile obiettivi e neutrali, ma niente può sostituire l'esperienza personale. Se state pensando al Brasile, e non lo avete mai visto, fatevi una vacanza, anzi, fatene due o tre. Il Brasile è un paese meraviglioso, specie se riuscite a viverlo dall'interno, e quindi a contatto con la gente e non nell'ambiente asettico e precotto di un viaggio organizzato; ma i primi giorni possono essere anche shoccanti, per un europeo. Non tutto è fatto di palme e capanne di bamboo sulla spiaggia, di tramonti rosa e di notti stellate. Esistono anche brutture architettoniche, zone desolate, cementificazione, e in generale cose alle quali a volte occorre abituarsi un attimino. Il fatto è che il Brasile, rispetto ai nostri tenori di vita, è più povero, e per certi versi (compresi talvolta i gusti estetici ed architettonici) potrebbe essere paragonato ai nostri anni '70. Ad esempio, case che per il brasiliano medio del ceto operaio o contadino sono normali (magari fatte di assi di legno o di mattoni non intonacati) per noi appaiono come esempi di degrado e magari automaticamente le associamo al concetto di malfamato, mentre invece sono abitate da gente che il più delle volte è normalissima, con un lavoro, una famiglia, e magari con concetti di ospitalità così disarmanti da indurci a riflettere un po'...
Il fatto è che la mentalità media brasiliana, nel bene e nel male, è orientata verso un tipo di vita alla giornata. "Oggi ho da mangiare? Bene. Domani si vedrà". Questo da un lato fa sì che la vita in Brasile sia di norma più spirituale e meno materiale della nostra, con la tendenza a vivere inventandosi man mano un modo di tirare avanti senza pensare troppo al futuro, con un livello di stress e di competitività che noi non riusciamo a raggiungere neppure in vacanza, mentre dall'altro ovviamente fa sì ad esempio che il problema della reperibilità di personale serio e che si presenti al lavoro tutti i giorni sia maggiore che in Europa, o che ci sia gente che ad un certo punto si trovi senza cibo o con dei figli che si arrangiano a vivere per strada.

Come dicevamo, queste sono le ns. valutazioni: opinabili, sindacabili, criticabili, frutto della ns. esperienza. Prendetele per quello che sono, ovvero un punto di vista magari un po' fuori dagli stereotipi. Fatene l'uso che volete, ma non prendetele per oro colato; volevamo soltanto provare a sfatare un po' il concetto di Brasile che ci sentiamo propinare ogni tanto da persone che parlano con grande convinzione di cose che hanno visto solo stando seduti in poltrona davanti alla TV, abituati ed ammaestrati a credere al binomio TV=Realtà...

Brasile: il sogno italiano

Innanzitutto, sfatiamo qualche mito e facciamo qualche precisazione. Il Brasile non è un paese del terzo mondo. Chi si aspetta scenari di desolazione, miseria, delinquenza sfrenata, arretratezza, indolenza, un paese piegato dai debiti, governato da ladri, dominato dalla mafia locale, in cui si può morire per mancanza di cure, si sbaglia...

Stereotipi

Da un campione abbastanza elevato di italiani intervistati, questi non hanno saputo dire i nomi di almeno 5 città brasiliane, del presidente del Brasile, o di qualche personaggio famoso che non fosse un calciatore o un pilota di Formula Uno. Inoltre, circa 80% degli italiani maschi ha dichiarato che andrebbe in vacanza in Brasile (ma senza moglie o fidanzata), e che circa il 90% delle donne ritiene che sia un paese troppo a rischio per andare in ferie con i propri figli. Chiedendo quali sono le prime cose che vengono in mente pensando al Brasile, la maggior parte delle persone ha risposto Carnevale, Samba, prostituzione, favelas, delinquenza, bande di rapitori che assaltano le persone per strada, economia fragile, degrado, povertà, miseria, fame, etc...
La maggior parte degli intervistati inoltre ritiene che le università e più in generale le scuole siano poche ed appannaggio dei più ricchi,

che gli ospedali in Brasile siano pochi e non affidabili, che la lingua parlata sia lo spagnolo. Tutto ciò fa pensare, oltre al fatto che la maggior parte delle persone non ha la più pallida idea di ciò di cui sta parlando, e si basa solo sui luoghi comuni, spesso diffusi dai media e dai tam-tam delle leggende urbane, che si tenda ad accomunare il Brasile agli altri stati dell'America Latina. E non sa che in Brasile ci sono circa 30 milioni di Italiani o oriundi italiani.

Il Brasile, per molti aspetti, è molto più evoluto di quanto il turista medio si possa aspettare. E' un paese ricco di risorse, di materie prime (la potenzialità del Brasile è spaventosa e basta a renderlo un paese completamente autonomo, tanto che potrebbe tranquillamente vivere e prosperare senza comprare nulla all'estero), dominato da una forte identità culturale e da un forte spirito di unità nazionale. Certo, vi sono differenze tra una zona ed un'altra: essendo grande mezzo continente, è lecito attendersele. In particolare, il Brasile diventa più europeo, più popolato e meno selvaggio man mano che si viaggia verso il sud. Il Brasile selvaggio che si immagina dai documentari è prevalentemente quello del nord, il Brasile più confacente allo stile di vita europeo e quello del sud. Lo stato di San Paolo, in particolare, potrebbe essere paragonato per certi versi alla Lombardia, ed è forse quello in cui si trova la maggior concentrazione demografica e la maggior concentrazione di immigrati italiani o loro discendenti.

Lingua portoghese

Per quanto riguarda la lingua, il portoghese, specie quello brasiliano (che ha forti influenze italiane) riteniamo sia molto più facile anche dello spagnolo. Ci vuole un pochino per abituarsi ai suoni, ma una volta capite le poche regole essenziali, è facilissimo da capire e di conseguenza iniziare a parlarlo. Ad esempio, ci sono parole che in Italia vengono lette in modo errato, basti pensare ad esempio al giocatore di calcio Falcão, il cui nome veniva letto così com'e' scritto, mentre in realtà si legge più o meno come "falcon", omettendo quasi la "o" (una via di mezzo tra "falcn" e "falcon", con un po' di enfasi sulla "n" finale).
Molte parole italiane sono tradotte in modo analogo: "situazione"

diventa "situação" (si legge più o meno "situasn", con la "n" nasale). Poi occorre capire che il portoghese è una lingua morbida e biascicata; ad esempio, spesso la "T" viene storpiata in una specie di "C" molle, la "E" si legge circa come come "I", la "L" diventa spesso una "U", la "D" una specie di "J"... "saudade" (nostalgia) si legge più o meno "saudaji", "suite" si dice più o meno "suici", "film" diventa "fium" e "email" diventa "emaiu", "me lembro" ("mi ricordo") si dice "mi lembru", "medico" (scritto come in italiano) si legge "mejicu", etc... Capire il portoghese, insomma, è più che altro una questione di capire i suoni.

Una volta in Brasile, cercate di parlare ed ascoltare il portoghese; di solito ci vogliono circa 15 giorni (forse anche meno) per iniziare a capirlo abbastanza bene.

BONUS DOWNLOAD OFFERTO DA BRAZIL REAL PROPERTY

Scarica gratuitamente il corso italiano-portoghese da
http://www.brazilrealproperty.com/zumbi.asp

Turismo sessuale

Per finire, siccome il Brasile ha la fama di paese del sesso facile, ancora due parole vorremmo spenderle per le donne brasiliane. Sicuramente, essendo il Brasile un paese dove il sesso è sempre stato vissuto in modo abbastanza libero e senza tabù, le donne possono essere talvolta o spesso un più "affabili" di quelle italiane/europee. Però bisogna anche saper usare un po' di discernimento. Innanzitutto il viaggio dall'Italia al Brasile non vi rende ne' più belli, ne' più giovani. Se avete cinquant'anni o sessant'anni, il portafoglio abbastanza gonfio, e riuscite a trovarvi una donna di venti o trenta anni più giovane di voi che vi sorride e vi prende sottobraccio, dovete seriamente considerare l'ipotesi che non sia particolarmente interessata al vostro aspetto fisico o al vostro fascino, a meno che chi legge non sia George Clooney o Sean Connery.

Ora, se avete i piedi per terra e volete divertirvi un po', d'accordo, fatelo pure, ma abbiate l'intelligenza di capire qual'e' il movente della ragazza in questione e di non mentire a voi stessi e agli altri.

Non sosteniamo che una brasiliana di vent'anni non possa davvero innamorarsi di un italiano di sessant'anni, ci mancherebbe, spesso capita anche questo, ma rimaniamo sempre con i piedi per terra...

Come iniziare?

Bene, diciamo che siete stati in Brasile una o due volte, e vi è piaciuto così tanto da pensare di volervi trasferire per sempre. Magari, avete in testa qualche racconto di qualche amico dell'amico che ha venduto casa sua e si è comprato un bar sulla spiaggia, o di qualcuno che ha messo in affitto casa propria in Italia e con i quattro o cinquecento euro di affitto che prende, vive da re in Brasile. E, magari, vi hanno anche detto che per avere il visto per vivere in Brasile è sufficiente uscire un giorno all'anno dal Brasile e rientrare (magari facendo un giretto in Argentina, in Cile o in Bolivia), per avere di nuovo diritto al visto per un altro anno. O magari pensate semplicemente di farvi assumere da qualche amico o di andare là e poi cercare lavoro, o addirittura di vendere l'auto e la moto e di partire con quei dieci o ventimila euro in tasca e di rilevare una qualche attività sul posto. Oppure semplicemente state pensando di prendere la vostra roba e andarvene alla ricerca della fortuna, pensando che in Italia è pieno di cinesi, moldavi, ucraini, ecc... venuti in Italia senza preoccuparsi dei visti, e se funziona così in Italia, figuriamoci se in Brasile (che notoriamente è uno stato retrogrado e sottosviluppato, il cui prodotto interno lordo si basa sul calcio, sul sesso, sulla samba e sui fagioli) può essere diverso.

Beh, ci spiace, ma stiamo per riportarvi, volenti o nolenti, con i piedi

per terra...
Il Brasile è per molti versi un paese molto più moderno della nostra vecchia e sgangherata Italia.

Entrare in Brasile

1. In Brasile, senza presupposti, ci potete andare solo con il visto turistico (che, in quanto europei, viene rilasciato direttamente alla dogana dell'aeroporto, previa compilazione di un modulo che vi viene consegnato dalle hostess in aereo). Il visto turistico dura sei mesi (90gg. procrastinabile di altri 90gg., previa richiesta alla polizia federale). Alla scadenza dovete uscire dal paese e non potete rientrare per altri sei mesi.
2. Con quello che potete ricavare dall'affitto di un appartamento "normale" in Italia, di sicuro non vivete da re. Tenete conto che dovete pagarvi l'assistenza sanitaria, comprarvi una casa, pagare le tasse, etc... quindi le cose inizierebbero a farsi un po' dure, non è consigliabile che affittiate casa vostra e con il ricavato andiate a vivere in Brasile, a meno che casa vostra non sia un castello.
3. Comunque sia, non potete semplicemente andare in Brasile e fermarvi là, a meno di non voler fare i clandestini e rischiare di essere presi e "deportati" (la legge brasiliana usa proprio la parola "deportazione").
4. Non potete chiedere un visto permanente di lavoro; è possibile solo in casi particolari, ovvero in cui la vostra qualifica lavorativa (da dimostrarsi) sia una qualifica non riscontrabile in Brasile; ovvero, la politica è quella di dare lavoro ai brasiliani e non agli stranieri. Non è escluso per legge, ma non è facile ottenere un visto in queste circostanze.

Ma allora non è possibile andare a vivere in Brasile? Certo che è possibile, ma rispettando alcune condizioni. Generalmente si può pensare di ottenere un visto permanente, vedi il capitolo *"IL COSIDETTO "PERMESSO DI RESIDENZA"*

Partiamo quindi dal presupposto di fare un passo alla volta, e iniziare comprandosi una casetta in una bella zona di campagna, o sulla costa, tanto per avere un punto di appoggio. Come si fa? Beh, innanzitutto ottenere il CPF, ovvero l'equivalente del codice fiscale brasiliano, maggiori informazioni sul libro *"Investire in Brasile. Cosa fare e cosa non…fare!"*

Il CPF viene richiesto per qualunque tipo di atto che facciate in Brasile, ed è una cosa indispensabile. se andate un passo più in là del semplice turismo.

Nel momento in cui siete in possesso del CPF e dei documenti che vi verranno richiesti, acquistare un immobile in Brasile dal punto di vista delle pratiche burocratiche è semplice, veloce ed economico.

Auto

L'acquisto di un'auto non comporta problemi, specie se pagate in contanti. Il mercato dell'usato è più caro del nostro, ma questo è giustificato dal fatto che le auto nuove costano come in Europa, e quindi sono molto care per il brasiliano medio, che spesso si deve rivolgere al mercato dell'usato.

Ad ogni modo il parco delle auto circolanti sta sensibilmente migliorando, se confrontato con quello che circolava 15 anni fa. Comprare un'auto a diesel di norma non conviene, almeno al momento; meglio un'auto a benzina, che può essere convertita in modo semplice per essere alimentata anche ad alcool (quando questa non è già così di serie). Meglio rivolgersi a marche prodotte in loco o quanto meno in sud America (es. GM, Fiat, Ford, etc.) per via dei prezzi degli eventuali ricambi.

Per quanto riguarda la patente, potete circolare con la patente italiana in corso di validità e una traduzione effettuata da un traduttore effettuata sul posto, ma se decidete di vivere in Brasile, dovete rifare il corso e l'esame. Questo in quanto la traduzione dura solo 6 mesi e costa parecchio. E' molto più facile che in Italia, c'è una settimana di corso (6 lezioni), un esame medico e uno psicoattitudinale, e se li superate, vi aspettano ancora 15 lezioni pratiche e l'esame di guida, anch'esso piuttosto facile. Il costo, nello stato di SP, si aggira attorno ai 600 Reais (patente "B") e attorno agli 800 Reais (patente "A" e "B"). Le patenti professionali possono essere prese solo un anno dopo aver conseguito con successo la patente "B".

Conto corrente

Una volta che abbiate comprato la casa, e abbiate delle utenze domiciliate (luce, telefono, acqua), potete presentarvi in banca per ottenere l'apertura di un conto corrente. Sappiate che è possibile che vi sentiate dire che l'apertura di un conto corrente da parte di uno straniero è vietata per legge, che non si può, che è impossibile. Sappiate che non è vero. Ogni straniero in Brasile secondo il Codice Civile Brasiliano può aprire un conto corrente bancario, basta trovare la filiale giusta e questa senza problemi Vi aprirà un conto corrente, le credenziali per l'accesso al conto via internet, il Bancomat, il libretto degli assegni (in Brasile gli assegni sono molto usati), e carta di credito Visa e/0 Mastercard. In particolare, il Bancomat è molto utile in quanto agli sportelli automatici si possono fare moltissime operazioni (pagamento utenze, movimentazioni, etc.) senza doversi per forza recare allo sportello della propria filiale, ed inoltre è essenziale per poter fare le movimentazioni tramite internet (vi servirà se ad esempio dovrete effettuare dei pagamenti dall'Italia, come ad esempio utenze della casa etc...).

Come comportarsi con le spese di manutenzione.

La maggior parte delle spese (ovvero le bollette) possono essere domiciliate direttamente in banca. Le altre, di norma ci si accorda per effettuare un giroconto direttamente sul conto della persona o della ditta che si occupa della manutenzione. Mai e poi mai fatevi vedere come spendaccioni che non guardano le spese, o finirete per pagare le cose e le prestazioni molto di più del reale valore di mercato, e tornare sui propri passi diventa poi difficile.

Come portare le proprie cose
La prima cosa che viene in mente, è: come faccio a portare le mie cose in Brasile? Bene, la risposta è: si può ma non è detto che vi convenga. Innanzitutto, per sapere cosa si può e cosa non si può portare, leggetevi queste norme relative allo sdoganamento delle merci: Import Information
http://www.verrua.org/brasile/import%20information.pdf

Inoltre potete anche consultare il sito della Receita Federal, dove potrete trovare altre informazioni in merito all'importazione delle merci ma non solo: www.receita.fazenda.gov.br

Per quanto riguarda i costi, questo è il motivo di base per cui dicevamo che può darsi che non vi convenga. Infatti, la spedizione di un container da 20 piedi (circa 33 metri cubi) in Brasile, più le spese di sdoganamento e la consegna fino alla vostra abitazione, sono indicativamente nell'ordine di grandezza dei 7000, 8000 Euro o più (solo le spese di sdoganamento ammontano a circa 3000 dollari statunitensi). Inoltre, gli elettrodomestici europei, che funzionano con una tensione di rete a 220v ed una frequenza di 50hz, potrebbero non funzionare adeguatamente con la tensione 220v/60 Hz, bruciandosi. Invece l'elettronica, con i trasformatori switching, di norma funzionano con tensioni da 100v a 240v e con frequenze da 50 a 60 Hz senza problemi.

Dopo aver valutato la possibilità di trasportare le proprie cose con un container via nave, molti optano per vendere il vendibile in Italia, e portare con sè soltanto le cose personali, oltre a piccoli oggetti (computer, lettore DVD, piccoli elettrodomestici) che possono essere imballati e trasportati come bagaglio a seguito o addirittura bagaglio a mano. In particolare, siccome l'elettronica è molto cara, conviene lasciare la lavatrice ed il frigo ma portarsi computer e cellulare.

I mobili si possono comprare sul posto, è più economico, e poi comunque il legno dei nostri mobili potrebbe essere gradito alle termiti brasiliane; meglio optare per un legno locale ed esteticamente più in sintonia ad un clima tropicale che non uno scuro mobile in castagno o in noce nazionale.

Gli animali domestici possono essere trasportati in aereo, chiusi in apposite gabbie. Informatevi meglio presso la compagnia aerea e/o presso l'agenzia di viaggi. Molti stranieri trasportano il proprio o i propri cani privilegiando voli diretti per evitare scali e stress ai propri animali. La cassa da trasporto per il proprio animale può essere acquistata in un comune pet-shop.

QUANTO COSTA VIVERE IN BRASILE

Questa capitolo è rivolto a coloro che hanno deciso di passare in Brasile parte dell'anno e che sono interessati a saperne di più sul costo della vita. Il visto turistico consente infatti di trascorrere dai tre ai sei mesi all'anno sul territorio brasiliano, un periodo più che sufficiente a valutare i pro ed i contro di questo straordinario Paese.

Nel corso di questi anni abbiamo letto molti commenti su quanto costa vivere in Brasile e possiamo assicurarvi che quanto troverete di seguito non è semplicemente scritto in buona fede (si possono scrivere cose inesatte anche in buona fede) ma è documentato e documentabile perchè nasce dalla ns. esperienza diretta.

La vita in Brasile è senz'altro più cara di quella che un turista che passa qui le classiche due settimane può immaginare, ma il costo della vita qui in Brasile ovviamente non e' superiore a quello in Italia e in Europa.

Nella guida analizzeremo: i costi della abitazione, dell'energia, del telefono, del trasporto, della salute, del divertimento e della alimentazione.

Assumeremo come riferimento il caso " peggiore ", ovvero quello di una famiglia di quattro persone, benchè questo caso rappresenta la minor percentuale in quanto maggior parte degli stranieri che si trasferiscono (almeno per ora, la crisi gallonante potrebbe far rifiorire il fenomeno della immigrazione) o sono single o semplicemente convivono.

Cominciamo subito da due voci spesso incriminate: educazione e sanità (per i turisti è consigliabile una assicurazione Europassistance acquistata al momento di fare il biglietto aereo).

In Italia questi due voci sono quasi gratis (fino a quanto pero?) mentre in Brasile sono privatizzati e pertanto a pagamento. Questo è verissimo. Naturalmente esiste anche la versione pubblica sia delle scuole che della Sanità (SUS) .

SANITA'

Le strutture del SUS (sanita' pubblica brasiliana) assomigliano molto a quelle del nostro Sud Italia. AL SUS non si paga nulla ed si puo' risolvere il problema solo se naturalmente non si tratti di ricoveri o cose gravi. Riportiamo questo dato di fatto solo per sfatare una leggenda e cioè che non esista l'assistenza sanitaria pubblica in Brasile.

Naturalmente, per evitare di sfidare la fortuna è bene fare una assicurazione sanitaria completa. In Brasile ci sono varie grandi compagnie di assicurazione private che garantiscono l'assistenza emergenziale su tutto il territorio brasiliano.

Esistono due opzioni ovvero l'assicurazione integrale e quella "compartecipativa". Sostanzialmente la prima copre integralmente i costi e la seconda richiede l'esborso all'atto della prestazione di un piccolo contributo. Il valore del contributo dipende dalla prestazione, ad esempio si pagano 5R$ per una visita specialistica contro gli R$80 - R$100 che si pagherebbero senza l' assicurazione. Il nostro ticket è decisamente maggiore.

Per questo tipo di assicurazione che copre visite specialistiche, esami anche complessi e ricoveri in camera a due letti si paga oggi Luglio 2010 una media di R$561 al mese per quattro persone! Con 244 euro circa al mese avete risolto alla grande il problema della salute per voi e la vostra famiglia. Naturalmente esistono anche assicurazioni più economiche, sui R$300 o più care, sugli R$800 (ricovero in camera singola con trattamento da hotel 5 stelle).

Vorremmo aggiungere un particolare interessante: se aveste fatto l'assicurazione da solo avreste pagato quasi la stessa cifra. Questo perchè il valore dell'assicurazione cresce esponenzialmente con l'età pertanto una compagna giovane e due bambini aggiungono al totale circa R$260 che però scompaiono quasi totalmente perchè l'assicurazione passa da singola a familiare e si ha diritto ad uno sconto complessivo del 20%. Questo è un aiuto concreto alla famiglia!

Il costo della salute che abbiamo appena citato è ampiamente compensato dalla virtuale assenza di costi per l'energia ed il riscaldamento se ovviamente abitate nel nordest del Brasile. Se poi considerate il risparmio sull'abbigliamento e le calzature (e' sempre estate) vi avanzano anche dei soldi.

SCUOLE

Il discorso scuole è molto dipendente dalla città dove si vive e dalla istituzione scelta. Il costo per mandare a scuola un bambino di 6 anni può variare dai R$200 ai R$400mensili in una scuola privata. Naturalmente esistono anche in questo caso le alternative pubbliche. Libri e materiale scolastico sono una voce a parte ed incidono dai R$700 ai R$1000 all'anno. Se i figli sono due il valore raddoppia e così via. Possiamo pertanto concludere che mandare due figli a scuola in una buona struttura privata costerà circa R$1000 al mese tutto compreso ovvero R$12.000 in un anno.
Questi costi sono praticamente azzerati se considerate il fatto che non spenderete soldi per andare in vacanza visto che ci siete già. Infatti quanto spende una famiglia media di quattro persone che pensi di voler trascorrere un mese al mare in Italia? Se va bene non meno di 5000 euro ovvero circa R$12500. Appunto.

Restano ancora tre voci importanti: *casa* (incluso condominio , TV satellitare o cavo , Internet , telefono ,acqua , gas , ICI e TARSU), *automobile* (incluso carburante e tasse) ed *alimentazione* (incluso ristoranti e spiaggia).

CASA

Abbiamo due alternative: comprarla o affittarla e per ciascuna scelta ancora due alternative villetta o appartamento. Ovviamente a ciascuna delle combinazioni è associato un costo differente.

Per chi abita in una grande città spesso l'alternativa villetta non esiste ma in una città ancora in sviluppo come ad esempio Natal le opzioni sono molte. Di solito le città in Brasile si sviluppano a partire da aree storicamente urbanizzate con casette indipendenti.

L'edilizia verticale si espande in queste aree attraverso l'abbattimento a volte sistematico ma più spesso a macchia di leopardo di casette per lo più abbandonate.

Ad un certo punto diventa praticamente impossibile vivere in città in una villetta, vedi il caso di Salvador, perchè si è completamente circondati da grattacieli che tolgono luce e soprattutto ventilazione. Quello della ventilazione è una questione di estrema importanza per chi risiede nel Nordest del Brasile ed ha un impatto drammatico sui costi di gestione della casa. Una casa ben ventilata, oltre ad essere più salubre (assenza di muffe) non necessita di un impianto di condizionamento dell'aria con tutti i vantaggi sia economici che di salute. La differenza di costo di energia elettrica può andare da R$100 a R$500 al mese!
Per chi ama vivere in una casa singola esiste comunque la soluzione: il condominio di case chiuso o condominio fechado come dicono in Brasile. Si tratta di un'area generalmente localizzata fuori città chiusa per mezzo di una cinta di mura e dotata di servizi comuni, spesso di elevato livello.
Sicurezza, piscina/e, palestra, sauna, area giochi per i bambini, area verde per rilassarsi, area per socializzare, l'immancabile brace o churrascaria per arrostire la carne il fine settimana, etc...
I brasiliani sono amanti del " Lazer " o piacere in senso lato... è la parte latina della loro cultura.

Per chi vuole vivere nel cuore della città e quindi prossimo a tutti i servizi essenziali quali scuole, ospedali, centri commerciali, centri amministrativi , etc... l'appartamento in un edificio è l'unica opzione. Così come i condomini di case anche gli appartamenti godono di una serie di servizi dai più semplici (sicurezza 24h) ai più sofisticati (piscina, sauna, palestra, tv via cavo o satellitare, internet, churrascaria, sala giochi, sala cinema, etc...). Il tutto si riflette sul costo del condominio che può variare da poche centinaia ad alcune migliaia di R$ al mese!
Per intenderci un condominio all'italiana: portiere elettronico, e pulizia affidata ad una ditta esterna costa sui 150R$ al mese ma è quasi introvabile. Più frequente è il caso di condomini con qualche servizio aggiuntivo (portiere 24 h, piscina, ascensore) il cui costo,

a seconda del numero di proprietari, può variare dai R$200 ai R$ 500 al mese a parità di servizi.

I condomini di case sono generalmente più economici a parità di servizi perchè mancano gli ascensori, la manutenzione dell'edificio (ci sono solo le parti comuni) ed i proprietari sono numerosi.

L'energia elettrica ad esempio a Salvador costa R$0,44098 al KWh oltre al 25% di tasse. In pratica, se non si usa il condizionatore, non si superano R$50 - R$60 al mese. In Brasile è molto diffuso l'utilizzo di un dispositivo chiamato " chuveiro eletrico ". Si tratta di un oggetto che si installa al posto del soffione della doccia e che riscalda istantaneamente l'acqua. Il consumo di energia è micidiale: 4000-5000 Watt pari a quello di 10 televisori accesi contemporaneamente. Da usare con moderazione.

Anche l'uso del condizionatore può far lievitare e di molto la bolletta, pertanto si consiglia l'acquisto di un buon ventilatore ma soprattutto quando si affitta l'appartamento cercarlo dal " lato das ombra ", lato ombra, e ben ventilato (Due finestre ai lati opposti).

Naturalmente, se non si acquista l'appartamento non bisogna preoccuparsi di pagare ICI e TARSU che qui sono raggruppate in un unico tributo annuale chiamato: IPTU. Il valore di questo tributo dipende dal quartiere dove si vive e puo' variare di molto.

I prezzi di acquisto di un appartamento o di una villetta sono decisamente inferiori a quelli europei nonostante la crisi economica e la valorizzazione del real rispetto all'euro abbiano ridotto parecchio questo differenziale. Per intenderci nel 2004 un euro si cambiava a 3.7R$ mentre oggi 16/06/2010 si è ridotto a R$ 2.29 (dovuto sia per la crisi dell'euro sia per lo sviluppo del Brasile con conseguente rafforzamento del Real; in parole semplici la "ricchezza" si sta spostando dall'occidente alla Cina e al Brasile) , una svalutazione di oltre il 30%! Nel frattempo i costi di costruzione sono cresciuti di circa il 7% medio all'anno (oggi siamo al 5%). Questo effetto si sente soprattutto sulle costruzioni nuove o in lanciamento come si dice qui. I costruttori hanno contrastato questi aumenti riducendo la metratura degli appartamenti a parità di numero di vani. Oggi un appartamento nuovo da tre vani e doppi servizi occupa una superficie netta di appena 75mq e costa intorno ai R$250.000. Lo stesso appartamento usato si acquista sui R$180 .000.

Per chi ha tempo e voglia di cercare esistono delle buone occasioni a patto di ristrutturare l'immobile.

La TV via cavo o satellitare è disponibile in tutto il Brasile. In Brasile esiste la "TV via cavo" che riduce molto l'impatto ambientale (non sono visibili quelle antiestetiche parabole). Un abbonamento al pacchetto Standard Plus (Disney channel, Discovery Kids, Discovery Channel, National Geographics, Fox, Universal, CNN, Space, Warner, e molti altri...) assieme ad Intenet (150KB) costa circa R$134 al mese.

Il telefono fisso è consigliabile solo per le telefonate locali poichè Skype rappresenta la migliore alternativa per le telefonate intercontinentali. Di solito si preferisce usare solo il cellulare con contratto "prepago" della TIM, OI, CLARO etc.. e si spende una media dai R$70 ai R$100 al mese oltre a R$50 per Skype (si usa per telefonare verso telefoni fissi o cellulari in tutto il mondo oltre che verso utenti Skype).
E' consigliabile acquistare un PC portatile in Italia perchè in Brasile tutti i prodotti elettronici sono più cari. Il costo di una connessione veloce si aggira sui R$ 50 - R$ 100 al mese. In alternativa sono diffusissimi gli internet cafè.
Nota: in Brasile in tutti i maggiori centri commerciali, bars e locali, uffici bancari etc... c'e' la connessione internet gratuita quindi e' normale vedere ad esempio sui tavolini di un locale sia brasiliani che stranieri mentre bevono un frullato o una birra utilizzare il proprio laptop o palmare e telefonare grazie a Skype o altri software FREE VOIP.

ICI e TARSU arrivano ad inizio anno in un unico tributo municipale detto IPTU. Lo si può pagare a rate oppure in contanti con un considerevole sconto. L'anno scorso lo sconto era del 30%, quest'anno è stato ridotto al 20% essendosi ridotta l'inflazione e soprattutto il costo del denaro. Per una ns. casa di 110mq. posta al centro il valore dell'IPTU e' stato di circa 850R$ all'anno (già applicando lo sconto del 20%).

Per quanto riguarda acqua e gas queste due voci sono tradizionalmente incluse nel prezzo del condominio. Alcuni edifici includono anche altri servizi come TV, Internet, etc... Laddove possibile è meglio avere un misuratore individuale, almeno per l'acqua, perchè i brasiliani quando si tratta di una spesa comune non badano molto all'economia.

In definitiva, almeno per le spese fisse di casa per una famiglia di 4 persone con uno standard di vita europeo, queste si aggirano sugli R$ 600 - 800 al mese. Questa spesa è relativamente elevata perchè include il costo per garantire la sicurezza 24H dell'edificio (tre portieri più una riserva). Questa della sicurezza è la vera spesa extra che in Europa non c'è. Tuttavia si stanno sempre più diffondendo anche qui i sistemi di sorveglianza elettronici che riducono sensibilmente tali costi.

Comunque se teniamo in conto la differenza di prezzo di acquisto dell'immobile tra Europa e Brasile vediamo che il risparmio ottenuto paga abbondantemente questo extra dovuto alla necessità di una maggiore sicurezza.

Abbiamo gia' analizzato i costi relativi ad educazione e sanità, poi quelli relativi alla casa ed a tutto ciò che le ruota intorno.
Restano da analizzare i costi di trasporto e di alimentazione. Ricordiamo che come nelle voci sopra indicate nonostante i costi appaiano qualche volta elevati essi sono sempre ampiamente bilanciati dai risparmi che si ottengono in altre aree.

TRASPORTO URBANO

Premettiamo che in quasi tutte le città il servizio pubblico di autobus è molto capillare ed il costo del biglietto è intorno ad un real. Tuttavia non dappertutto esiste il biglietto unico valido per una ora e pertanto si rischia di pagare un real anche solo per una fermata .

L'utilizzo dell'autobus è pertanto consigliabile solo per spostamenti lunghi anche se , a causa delle condizioni delle strade nel nordest e non solo sobbalzi e frenate brusche sono all'ordine del giorno. La parola d'ordine è mantenersi bene ai corrimani.

Esistono abbonamenti per studenti e sconti speciali. Per la terza età (Superiore ai 60 anni) il trasporto urbano è generalmente gratis.

AUTO

E' possibile sia affittarla che acquistarla. Si consiglio di affittarla solo se veramente necessario e per periodi almeno di una/due settimane. Trattando con un privato si può spuntare un prezzo di R$800 - R$1000 al mese. L'alternativa è usare l'omnibus ed il taxi quando necessario. Procuratevi una buona cartina della città: sono ottime quelle che si trovano negli elenchi telefonici ed evitate di perdervi in qualche "favela" di notte.

Per quanto riguarda l'acquisto di un'automobile la scelta è molto ampia: oramai la maggior parte dei costruttori sono presenti con le loro fabbriche in Brasile anche se i modelli di gamma alta sono disponibili solo di importazione. Fiat, GM, Volkswagen, Ford, Toyota, Honda, Citroen, Renault, Nissan, Mitsubishi sono tutti presenti. Le auto più diffuse sono quelle 1000 di cilindrata: Palio, Uno, Fox, Chevrolet Selta ma recentemente si sono diffuse le 1400 e le 1600 tutte con motori rigorosamente FLEX (Alcool e Benzina). La crescita del mercato automobilistico in Brasile negli ultimi anni è stata prodigiosa anche grazie agli incentivi statali (IPI reducida). In Brasile sono state vendute nel 2009 ben 750.000 automobili di marca FIAT contro le 722.000 immatricolate in Italia, è stato il cosiddetto anno del sorpasso anche a causa della crisi economica che ha colpito l'Europa ma ha appena sfiorato il Brasile. Questo sorpasso non è stato dovuto certamente ai prezzi in quanto a parità di accessori un'auto in Brasile è decisamente più cara.

Basta dare una occhiata al sito di "Quatrorodas" per averne conferma. Una FIAT UNO FIRE 4P con motore FLEX costa circa

10.000 euro senza alcun optional. Ovvero senza aria condizionata, chiusura elettrica, vetri elettrici, dispositivi di sicurezza (airbag, abs, ecc...), radio, CD player, ecc... Inoltre il prezzo dell'usato è sostenuto, per cui dopo la iniziale svalutazione, il valore dell'usato, soprattutto per i modelli popolari, si mantiene elevato.

Automobili diesel praticamente non esistono. La benzina attualmente costa circa 1,1 euro al litro e l'alcool 0,83 euro ma bisogna tener conto che l'alcool rende il 70% della benzina e pertanto è come se costasse 1,2 euro al litro. Il problema è che le autovetture in Brasile non fanno in media più di 10 - 12 Km con un litro!

Ad esempio una Volkswagen Crossfox 1.6 fa 8Km con un litro! Una utilitaria difficilmente raggiunge i 14Km a litro: sono lontani i 20Km a litro pubblicizzati per le vetture europee. In compenso non ci sono autostrade da pagare... perchè non ci sono le autostrade!

La tassa di circolazione o IPVA, è pari al 2,5% del valore aggiornato dell'automobile e si paga ogni anno assieme alla assicurazione obbligatoria DPVAT. In questo senso è più giusta della nostra tassa di possesso in quanto la IPVA si riduce via via che il bene si invecchia e perde valore mentre da noi la tassa si mantiene costante arrivando all'assurdo di pagare per una vecchia auto come per una nuova e costringendo il proprietario alla rottamazione.

L'assicurazione non è obbligatoria ad eccezione del DPVAT che copre i danni a terzi ma in misura molto ridotta. Una assicurazione decente completa (UNIBANCO SEGURO) costa circa R$1300 all'anno e dipende ovviamente dal valore dell'automobile come calcolato dal FIPE. Il valore di R$1300 è per una autovettura del valore di circa R$35 000.

ALIMENTAZIONE

E veniamo infine ai costi della alimentazione. Ci limiteremo ai prodotti che si acquistano normalmente al supermercato.

I prezzi dei prodotti alimentari presentano fluttuazioni abbastanza ampie a parità di prodotto e per le cause più disparate. Ad esempio i pomodori sono passati da R$0.98 a R$4 al Kg in pochi mesi a causa della pioggia, ma altri prodotti come il latte e l'olio extra vergine di oliva sono diminuiti di prezzo.

In generale i prodotti di importazione sono carissimi. Pasta, olio e pelati in scatola italiani hanno prezzi di almeno il doppio, più spesso il triplo, di quelli che si trovano sugli scaffali dei nostri supermercati. Pertanto per non sbaglire conviene riferirsi ad un paniere di prodotti fisso ed utilizzare questi come riferimento. E' quello che viene fatto per il calcolo della inflazione. Naturalmente ognuno ha un suo paniere di prodotti alimentari preferiti. Mediamente per il ns. standard italiano il costo e' di circa R$400 al mese per due persone.

La scelta di prodotti alimentari più " brasiliani " come carne, pesce azzurro, fagioli, riso, farina di mandioca, concentrato di pomodoro, uova, papaya, mango, pasta brasiliana, etc... abbassa notevolmente il costo.

Il pane è caro. Il classico panino all'olio costa circa R$5 al chilo ed è quello più consumato dalle famiglie brasiliane. Altrettanto cari e di bassa qualità sono i formaggi: dai R$30 in su al chilo, tranne i freschi. Il pesce e la carne sono invece a buon mercato. I prezzi per il pesce fresco vanno dai R$4-5 ai R$15 al chilo mentre ottimi tagli di carne si trovano nella fascia dei R$20 - R$30.

E la ns. amata cara pizza?

La pizza di solito è ricoperta da uno strato di " muzzarella " che niente ha a che vedere con la mozzarella di bufala nostrana. Su questo strato, che appena raffreddato si trasforma in una ottima suola di gomma per scarpe da tennis, si trova di tutto. Più cose ci sono più la pizza è ritenuta buona , e quindi il prezzo sale.

Molte catene di pizzerie propongono un improbabile cornicione (il bordo della pizza) ripieno con formaggio molle (Il catupirì), ma anche con nutella etc..., che da il colpo di grazia alla mitica margherita ed allo stomaco del cliente!

Per quanto riguarda la comida brasiliana quella bahiana e' realmente gustosa probabilmente a causa della influenza della cucina africana. Il segreto sta tutto nel "tempero " sapiente mistura di spezie vendute nei vari mercatini o fiere popolari.

La classica "comida a kilo" o a peso ha un prezzo variabile dai R$10 ai R$ 25 al chilo, pertanto assumendo una porzione di 600gr. ed una bibita siamo a circa R$15 – R$18. Si trovano anche locali dove si mangia per R$5 (Riso , fagioli e carne) ma consigliamo di fare sempre una attenta selezione prima di questi.

QUAL'E' IL COSTO DELLA VITA LOCALE?

É il 45% meno caro che in Italia se si tiene conto un tipo di vita all'europea. Negli ultimi 3 anni i prezzi sono aumentati del 60%, 30% dovuto all'inflazione e 30% alla rivalorizzazione del real sul dollaro e euro. In fondo non é piú conveniente come prima, ma si riesce ancora a vivere bene con mille euro al mese (tenete presente che lo stipendio minimo é di 220 euro al mese).

E VENIAMO AI DIVERTIMENTI

Il Brasile consente a tutti di divertirsi con pochi o con molti soldi. Una serata può costare dai R$15 ai R$300! Il vero problema è che a differenza che in Italia e in Europa quì ci si può divertire tutta la settimana e pertanto anche spendendo poco alla fine il totale diventa preoccupante. E' necessaria pertanto una certa disciplina altrimenti invece che sei mesi resterete solo un mese.
Buona permanenza in Brasile!

QUANTO SI RISPARMIA A VIVERE IN BRASILE

Come gia' in parte descritto, alcuni di questi risparmi si ottengono grazie alla semplificazione dello stile di vita o downshifting.
Un' altra parte dei risparmi dipendono dal clima del Brasile che consente, soprattutto a chi vive nel Nordest del Paese, di ridurre enormemente i consumi di energia (15 euro al mese per una famiglia di 2 persone) ed il costo dell'abbigliamento e delle calzature. In Italia bisogna avere vestiti e calzature per le quattro stagioni dell'anno mentre nel Nordest esiste solo una stagione secca ed una piovosa ma con temperature pressocchè uguali. Possiamo affermare che se non avete una compagna troppo vanitosa le spese per vestiti e calzature si riducono di oltre il 50%.

Un altro risparmio considerevole è dato dal fatto che non spenderete più cifre sproporzionate per andare in vacanza al mare: ci siete già. Soprattutto potete andarci quando volete, i giorni che volete e agli orari che volete. Un guadagno difficilmente quantificabile è la riduzione dello stress ed il miglioramento della salute in generale. Vedrete che incomincerete a sentirvi più giovani e con molta più energia vitale. Forse dipende dalla luce solare o dal consumo di prodotti freschi e ad alto potere antiossidante come Mango e Papaya (La frutta, assieme alle banane, più a buon mercato: circa 50 cent. di euro al Kg.).

Infine il prezzo degli immobili è decisamente inferiore a quello delle nostre città e ciò consente, in unione ad un relativamente elevato interesse bancario di ipotizzare di vivere di rendita. Il concetto è semplice: vendo l'immobile o gli immobili che possiedo in Italia ed acquisto almeno il quadruplo di immobili in Brasile oppure in alternativa differenzio il mio investimento tra immobili ed applicazioni bancarie all' 6% netto.
Nei prossimi capitoli troverete indicazioni sia all'investimento immobiliare che a quello finanziario dove è spiegato il dettaglio delle singole soluzioni.

GUADAGNARE INVESTENDO IN BORSA O IN IMMOBILI?

La ricetta per guadagnare in Brasile è semplice : gli ingredienti sono un capitale in euro, ottenuto per esempio dalla vendita di un immobile in Italia, che opportunamente convertito in valuta locale si raddoppia o poco pù (solo pochi anni fa si triplicava e per un breve periodo addirittura quadruplicava), dopodichè si tratta di fare una scelta del mix: investimento immobiliare/investimento mobiliare più adatto alle proprie esigenze.

La maggior parte delle persone che decidono di fare investimenti immobiliari per avere una rendita hanno in mente un ritorno "X" per cento sul capitale investito. La sostituzione della "X" per cento varia secondo il paese, lo stato e anche dal momento storico.

Nei paesi che chiamiamo del Primo Mondo, dove gli investimenti finanziari con rendita fissa che per i brasiliani hanno un ritorno ridicolo (l'1% all'anno, ma con l'inflazione prossima allo zero), riuscire ad ottenere una rendita da affitto intorno al 3% e' motivo di festa.

Con la stabilizzazione monetaria in Brasile, avvenuta grazie al PIANO REAL, l'inflazione e' stata praticamente "domata" e mantenuta in percentuali tollerabili facendo si che al giorno d'oggi e' possibile arrivare almeno ad una media di un ROI (ritorno sull'investimento) del 9% annuale sul capitale investito in immobili da rendita da affitto. Alcuni potranno commentare che esistono anche investimenti nella borsa ed altri strumenti finanziari che permettono di realizzare guadagni maggiori, solo che (soprattutto come dimostrato negli ultimi anni), si hanno alti rischi di perdere nell'arco di una mattinata il proprio capitale, ipotesi praticamente impossibile nel campo degli affitti.

Quindi riassumendo, in Brasile rendite di affito annuali dal 9% in su' sono da considerarsi un buon investimento, ivi per cui rendite di affitto inferiori al 9% non sono da considerarsi un buon investimento e si suggerisce all'investitore di valutare altre opportunita'.

fonte: Fórum imobiliário

Il BANCO DO BRASIL E' IL PIU REDDITIZIO D'AMERICA

Il Banco do Brasil è il più redditizio tra le Banche degli Stati Uniti e di tutta l'America Latina.
La media di redditività è quasi del 35% sul patrimonio e scusate se è poco in questi tempi in cui le Banche sia Americane che Europee sono state sull'orlo del fallimento (moltissime sono addirittura fallite).
Naturalmente in seconda e terza posizione ci sono altre due Banche Brasiliane: Itaù-Unibanco e Bradesco.

Farmacie
Altra categoria che vive felice in Brasile sono le Industrie Farmaceutiche. Dopo aver svelato che le prime tre Banche al mondo in termini di redditività sono brasiliane (il primo in assoluto è il Banco do Brasil) , scopriamo che i farmaci più cari al mondo si trovano in Brasile e negli USA.
Insomma questo è veramente il Paese dei record. La notizia ha una fonte insospettabile, nientedimeno che l'ANVISA (Agenzia di Vigilanza Sanitaria), un organo governativo. In una comparazione effettuata con nove nazioni il Brasile è stato superato solo dagli Stati Uniti, dove quasi il 70% di tutti i farmaci con brevetto ancora valido sono più cari che nel resto del pianeta.
I farmaci meno cari si trovano in Australia dove ad esempio il Pegasys, un farmaco contro l'epatite C, malattia che affligge 3 milioni di brasiliani, costa R$526 contro i R$1335 del Brasile (116% più caro) e gli esempi potrebbero continuare.
Per fortuna, per molti farmaci di cui è scaduta la licenza, esistono i generici i cui prezzi sono decisamente più abbordabili.
Concludiamo ricordando un fatto non di poco conto. I medicinali, in Brasile, si pagano anche se avete il piano di salute. Sono gratis solo quelli consumati in Ospedale durante il ricovero.

I FALSI MITI DEL BRASILE

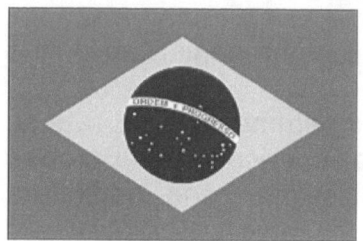

In Brasile tutto era facile. Oggi tutto é complicato. É lo scotto che si paga quando un paese cerca di eliminare la corruzione senza prima aver deburocratizzato l'apparato statale. Se pensate che qui non si pagano le tasse é un grande errore. Il fisco é ben organizzato anche se non riesce a controllare tutte le attivitá. Ovviamente se devono scegliere di controllare un brasiliano o uno straniero, pensate un po chi controlleranno? La violenza é in aumento ma non é a livelli critici. Ciò che invece non é un mito ultimamente é la caccia alle streghe verso un certo tipo di stranieri che però sta facendo vittime anche tra le persone che vivono e lavorano dignitosamente in Brasile. Sempre di più ci sono persone che finiscono sul giornale come mostri e che probabilmente non lo meritano. Ultimamente anche i giornali italiani hanno fatto eco alle notizie che arrivano dal Brasile e ormai chi viene in questo paese viene tacciato di turista sessuale o pedofilo. Qui però ci sono anche tanti italiani che lavorano, che hanno famiglia e che sanno come stanno le cose veramente. Il Brasile non é solo quello dei bar a luci rosse, che in fondo gli stessi brasiliani ci hanno fatto sognare quando nei cartelloni di propaganda turistica appariva in primo piano il fondo schiena di una brasiliana nella spiaggia di Copacabana.

QUALI SONO I MAGGIORI OSTACOLI PER CHI SI TRASFERISCE IN BRASILE PER AFFARI?

Per prima cosa la burocrazia, poi la difficoltá a reperire informazioni serie e professionisti e lavoratori qualificati, i costi di avviamento molto cari (certo non comparabili a quelli europei). Poi c'é la parte di visti e residenza che a volte diventa un vero e proprio incubo. Le lungaggini fanno vivere in uno stato di insicurezza nel quale é difficile investire. Ovviamente, a parte la burocrazia che é dilagante, non si puó generalizzare rispetto agli altri inconvenienti. Esistono differenze sostanziali tra le grandi cittá e il sud, e il nord est e l'interno del paese. Purtroppo le aree piú belle del paese e di maggiore interesse per i piccoli investitori sono le piú disagiate, peró in fondo non é differente dalla realtá italiana, specie nel passato.

Il 37,5% DI GUADAGNO

Nel Gennaio del 2010 pubblicavamo il nostro libro "INVESTIRE IN BRASILE! COSA FARE E COSA NON...FARE!",edizione aggiornata 2010, riportiamo di seguito un estratto del capitolo " **Perche' Brasile"** con 5 buoni motivi:

1) *Non lasciate niente alle vostre spalle , solo problemi ed un incerto futuro.. Oramai in Italia il lavoro è finito, anche quello squalificato. Quello qualificato, che dava piacere oltre alla indipendenza economica, come dovrebbe essere il vero lavoro era già finito da tempo. Dunque niente rimpianti.*

2) *Difficilmente in futuro il cambio sarà più favorevole. Il valore massimo raggiunto durante la prima elezione di Lula è stato di 1euro cambiato a 4reais ma tutta l'America Latina sembrava sull'orlo della bancarotta. L'Argentina era appena fallita, in Venezuela c'era stato il colpo di Stato che aveva deposto il*

presidente Chaves ed in Brasile, per la prima volta sembrava che l'eterno secondo Luiz Inacio Lula da Silva del temuto Partito dei Lavoratori potesse prendere il potere.

Le cose sono andate poi come sappiamo: l'Argentina ha rinegoziato il suo debito, Chaves è rientrato trionfalmente a Caracas ed è stato rieletto, Lula è effettivamente diventato il nuovo presidente del Brasile, ma, contrariamente ai timori degli economisti, sotto di lui il Brasile ha prosperato come non mai. E' stato indubbiamente fortunato perchè, grazie alla apertura del mercato alla Cina, c'è stata una enorme richiesta di materia prima di cui il Brasile è principale esportatore: soia, minerale di ferro, succo d'aranci , caffè, zucchero.

3) **Il costo della vita è ancora relativamente basso**. Si vive tranquillamente con 1000 euro al mese e poichè siete sempre in vacanza non spenderete più una cifra per andare al mare una volta l'anno.

4) **Gli interessi sui BOT brasiliani**, benchè si siano ridotti di molto, sfiorano ad oggi il 10% netto.

5) **Il clima è eccellente (almeno al nordest)** il che si traduce in una drastica riduzione dei costi per riscaldamento e vestiario. Bermuda, polo e infradito per tutto l'anno! E poi i brasiliani sono cordiali e disponibili. L' età media in Brasile è di 28 anni contro i 43 dell'Italia. E non dimentichiamoci della musica, del cibo eccellente etc....

Ebbene rileggendolo pensiamo di aver reso realmente un buon servigio a quelli che oltre a leggerlo lo hanno seguito. Considerando infatti che all'epoca dell'uscita del libro il cambio era di 1 a 3 (ovvero 1 euro equivaleva a 3 reais), chi avesse investito i fatidici 200.000 euro oggi si ritroverebbe con un valore equivalente di 260.000 solo grazie al cambio (oggi il cambio e' pari a 1:2,3, cioe' un euro equivale a 2,3reais) e di 286.000 euro se, seguendo l'altro suggerimento contenuto nel libro avesse pure investito in BOT Brasiliani.

E' CRISI NERA!

La Germania alleata agli Stati Uniti e alla Cina sta cercando di utilizzare la sua posizione dominante in Europa per prendersi non solo la sovranità monetaria ma anche la sovranità politica dei paesi che hanno problemi di debito. La scusa è quella di voler mantenere dei bilanci sani. In realtà ben sappiamo che gli Stati Uniti sono conciati peggio di alcune nazioni europee e che i Tedeschi devono il loro benessere alla capacità di SFRUTTARE LA LORO POSIZIONE DOMINANTE nell'area Euro, nonchè agli interessi mostruosi che le banche tedesche incassano dal debito sovrano dei paesi PIIGS (Portogallo, Irlanda, Italia, Grecia, Spagna), che per pagare tali interessi devono SOTTOPORSI A SCHIAVITU'! Gli americani, a loro volta, sfruttano la debolezza dell'Euro per attirare capitali, ultima grande occasione USA, per liberarsi di dollari per i cinesi, prima del crollo finale della divisa americana.
Chi non riesce ad avere bilanci sani per evitare di uscire dall'euro deve cedere il controllo delle decisioni politiche all'Europa. Su questa basi l'Europa NON ESISTE E NON DEVE ESISTERE. Ma se nessuno si lamenta il giocatore che alza la voce ottiene quello che vuole.
Ma in realta' la Germania ha tutto da perdere dal default della Grecia o di altri paesi, in quanto le banche tedesche detengono 520 miliardi di titoli dei paesi PIIGS. Il default dei paesi PIIGS equivale al default della Germania.
Quindi, se i Greci accettasero' passivamente la volontà dei tedeschi sarebberò perduti. Se invece combattono e fanno una rivolta popolare, obbligano i tedeschi a correre ai ripari. Questa e' una guerra e la strategia migliore otterrà enormi benefici.
Perchè un popolo dovrebbe perdere la sua sovranità? quali sono i benefici di un europa tedesca? Cosa farebbe la Germania del popolo greco? Semplice, comanderebbe, imporrebbe sacrifici, imporrebbe le sue aziende, i suoi prodotti... e difficilmente rilancerebbe l'economia e lo spirito di libertà delle persone. Un

conto era il concetto di Europa unita, un conto quello di un Europa tedesca.

Meglio sarebbe per la Grecia non pagare il debito... come fecero molti proprietari di case con debiti subprime... piuttosto che vivere schiavi del debito... e incapaci di ripagarlo... presero le chiavi e restituirono una casa senza valore alle banche... facendo crollare il sistema.

I greci tornerebbero forse indietro di 60 anni? E che cavolo di problema sarebbe? Recupererebbero la voglia di rimboccarsi le maniche, la voglia di crescere e di creare le basi per una propria dignità. Ci sarebbee spazio per rilanciare il concetto di vera democrazia e di autonomia monetaria e politica.

Certo, i sacrifici sarebbero grandi ma spesso le scelte vincenti sono quelle più scomode. Anche perche' il ricatto a cui devono sottostare è molto pesante con tante incognite sul futuro.

Ma purtroppo e' gia' storia che i Greci hanno accettato passivamente la volontà dei tedeschi o, meglio, delle FED e BCE e quindi sono perduti.

Portogallo, Irlanda, Italia, Spagna e molti paesi dell'Est... sono sulla stessa strada... (solo un po' in ritardo, in quanto hanno un po' piu' di risparmio privato e un po' piu' di tessuto produttivo, ma il debito accumulato e la non ripresa porta alle stesse criticità vissute dai greci).

LA SOLUZIONE POTEVA ESSERE:

1) I creditori (che hanno commesso un azzardo quando hanno prestato soldi) devono accetare una rinegoziazione del debito (accontendandosi di un 70% di quello che hanno investito) così come è toccato ai sottoscrittori di obbligazioni Argentine. Vale infatti lo stesso principio.

2) L'europa deve emettere un debito unico e le risorse raccolte devono essere divise in maniera equa fra i vari paesi legandole a dei parametri predefiniti e non soggete al controllo tedesco. A quel punto nessun aiuto alla Grecia verrebbe chiesto ai singoli paesi europei... (evitando che i singoli paesi PIIGS debbano a loro volta aumentare il debito sovrano soffrendo il differenziale di tasso con la Germania e quindi accelerando il loro processo di corsa verso il

baratro).

3) Il popolo greco solo a quel punto dovrà accettare sacrifici (i sacrifici devono essere equamente divisi... anche le banche devono pagare e se non riescono a pagare... devono essere nazionalizzate o devono fallire... come sarebbe dovuto accadere a Marzo 2009).

Purtroppo ciò non e' avvenuto e i Greci hanno accettato passivamente la volontà dei tedeschi o, meglio, delle FED e BCE.

Quindi ora i PIIGS dovrebbero' insorgere tutti insieme e mettere sotto pressione (ricattando) i tedeschi... a quel punto la loro economia sarebbe quella piu' a rischio, in quanto la Germania verrebbe messa in un angolo.

Così come gli americani fanno con i grandi creditori cinesi. Il debitore detta le regole al creditore. Questo lo possono fare perchè la fortuna della Cina (per ora) è legata al debito degli Usa.

La Germania, screditando un solo paese piccolo (e appositamente mai menzionando il paese debitore piu' grande, ovvero l'Italia), è in posizione di forza giocando sul ricatto nei confronti degli altri debitori periferici.

Ma se tutti i debitori periferici (PIIGS) si unissero... La Germania (o meglio chi sta dietro di essea, dovrebbe arrendersi).

I debitori hanno il dovere di coalizzarsi e di ribellarsi... gettando il panico nelle braccia dei tedeschi... che vedrebbero il valore in borsa delle banche tedesche crollare dell'80%.

Purtroppo i governanti dei PIIGS sono divisi fra di loro e incapaci di coalizzarsi ed il risultato sono manovre finanziarie da parte di questi paesi che pressupongono sacrifici in "lacrime e sangue", manovre che non fanno altro che comprare tempo reinviando il default.

Nuovo record per il tasso di disoccupazione in Europa

Peggiorano ancora i dati sui livelli di disoccupazione nell'Unione Europea. Il tasso per i paesi dell'eurozona ha sfiorato quota 9,6%, mentre per i 27 Stati membri la cifra si attesta intorno al 9,1%

Non giungono buone notizie da parte di Eurostat sul mercato del lavoro in Europa. L'ufficio statistico europeo ha da poco rilasciato i dati riferiti allo scorso agosto, registrando un tasso di disoccupazione pari al 9,6%, il dato più alto mai registrato a partire dal marzo 1999 a oggi. Le cose non vanno meglio per la cifra riferita a tutti i 27 Stati membri dell'Unione: 9,1 punti percentuali, il dato più alto registrato a partire dal mese di marzo del 2004.

Le ultime rilevazioni di Eurostat confermano l'andamento negativo messo in evidenza nel corso degli ultimi mesi. Il tasso di disoccupazione nel mese di luglio nell'area Euro era pari al 9,5%, dunque di poco al di sotto dei 9,6 punti percentuali dell'agosto da poco passato. Nel medesimo periodo di riferimento del 2008, la cifra si era invece attestata intorno al 7,6% a testimonianza della forte influenza della crisi sul mercato del lavoro nel corso dell'ultimo anno. Il livello di disoccupazione nell'Europa dei 27 era pari al 7,0% nell'agosto del 2008, a fronte degli attuali 9,1 punti percentuali.

Secondo l'ufficio statistico europeo, nel mese di agosto da poco passato il numero complessivo di disoccupati ammontava a quota 21,872 milioni in Europa, 15,165 milioni dei quali nella sola eurozona. In appena un mese, il numero di disoccupati è dunque aumentato di ben 236mila unità nell'Europa dei 27 e di 165mila unità nei paesi dell'area Euro. Il dato si rivela naturalmente peggiore in una prospettiva più ampia: rispetto al 2008, il numero complessivo di disoccupati è aumentato di oltre 5 milioni, con una punta pari a 3,2 milioni circa nell'eurozona.

Un andamento che conferma i numerosi timori sollevati nel corso degli ultimi mesi sul possibile aggravarsi delle condizioni del mercato del lavoro nel vecchio continente a causa della crisi. Il dato peggiore appartiene alla Spagna, che ha fatto registrare un tasso di disoccupazione pari al 18,9%. Le altre maggiori aree di sofferenza sul fronte della disoccupazione sono state rilevate da Eurostat in Lettonia ed Estonia, paesi nei quali il numero di disoccupati è passato rispettivamente dal 7,4% al 18,3% e dal 4,1% al 13,3% in appena un anno. Sensibili gli aumenti su base annua anche in Germania, dal 7,2% al 7,7%, e in Belgio, dal 7,5% al 7,9%.

L'andamento del tasso di disoccupazione punisce meno alcuni stati come i Paesi Bassi e l'Austria, fermi rispettivamente al 3,5% e al 4,7%. Il numero di disoccupati si mantiene sostanzialmente stabile in Italia al 7,4% (dato di giugno 2009) rispetto al 6,8% registrato nell'agosto del 2008, ma le prestazioni sul fronte occupazionale del Bel Paese non posso essere confrontate con i recenti dati degli altri paesi europei a causa del rilevamento trimestrale del dato.

Oltre al dettaglio sui singoli paesi, Eurostat ha anche pubblicato alcune interessanti analisi sulla composizione del bacino dei disoccupati in Europa. Il tasso di disoccupazione per gli uomini è passato in un anno dal 7,0% al 9,4% nell'eurozona e dal 6,7% al 9,1% nei 27 Stati membri. Meno marcato il trend per le donne, il cui livello di disoccupazione era già più alto di quello maschile: dall'8,3% al 9,8% nell'area Euro e dal 7,5% al 9,0% nell'Europa dei 27, sempre su base annua. Infine, il tasso di disoccupazione tra gli under 25 registrato nel corso dell'agosto 2009 è stato pari a 19,7 punti percentuali nell'eurozona e del 19,8% nei 27 Stati membri. Un anno fa tali dati erano rispettivamente pari a 15, e 15,5 punti percentuali.

Il livello di disoccupazione in Europa ha dunque assunto livelli comparabili con i dati statunitensi. Secondo le ultime rilevazioni, infatti, negli Stati Uniti il tasso di disoccupazione ha toccato quota 9,7% durante il mese di agosto.

In questa situazione vivere all'estero e perche' no in Brasile sono una valida e sicura scelta di vita.

LA PIRAMIDE DEI BISOGNI DI MASLOW

Quali sono le motivazioni che spingono un individuo al lavoro? Abraham Maslow, negli anni '50, ha elaborato una teoria denominata *"scala dei bisogni"* o *"piramide dei bisogni"*. Essa parte dal presupposto che, una volta che un individuo percepisce un bisogno, pone in essere gli strumenti ritenuti più adatti a soddisfarlo.

Secondo tale teoria i bisogni percepiti dall'individuo sono raggruppabili in cinque diverse categorie e sono organizzati secondo una precisa gerarchia, per cui un bisogno non è motivante per un individuo se questi non ha prima soddisfatto i bisogni di livello inferiore nella scala gerarchica.

Alla base della piramide vi sono i bisogni fisiologici, cioè quei bisogni legati alla stessa sopravvivenza dell'uomo (fame, sete, riposo, riparo). Tali bisogni sono i primi a dover essere soddisfatti e, solamente quanto essi sono appagati in modo regolare, sorgono nell'individuo le altre necessità di livello superiore.

Seguono poi i bisogni di sicurezza intesa sia come sicurezza fisica, garantita da norme che tutelano la salute e l'incolumità dei lavoratori, che come bisogno di stabilità del lavoro, quindi l'assistenza contro la disoccupazione, le malattie e gli infortuni. Sostanzialmente si tratta di bisogni legati al desiderio di protezione e di tranquillità.

Un gradino più sopra nella scala dei bisogni, troviamo quelli sociali, ovvero il senso di appartenenza al gruppo, il bisogno di essere accettati dagli altri, di riceve amicizia ed affetto. Poi vengono i bisogni di stima intesa sia nel senso di stima degli altri che di autostima.

All'ultimo livello della piramide ci sono i bisogni di autorealizzazione che consistono nel voler essere ciò che si desidera in base alle proprie capacità e alle proprie aspirazioni e nel voler occupare una posizione soddisfacente nel gruppo. Secondo Maslow, un bisogno regolarmente soddisfatto non possiede una elevata forza motivante. Inoltre, un bisogno non è motivante se i bisogni di livello gerarchico inferiore non sono stati soddisfatti, quindi perché un bisogno di livello gerarchico superiore emerga è necessario che quelli di ordine inferiore siano stati tutti soddisfatti.

Nelle società economicamente più progredite, dove i bisogni di livello inferiore della scala gerarchica sono comunemente soddisfatti (come i bisogni fisiologici e quelli di sicurezza) la motivazione alla stima e alla autorealizzazione prevalgono su altri bisogni gerarchicamente inferiori.

La piramide di Maslow è stata oggetto di parecchie critiche, ad esempio:

- non necessariamente si deve passare attraverso tutti i livelli della scala gerarchica, mentre è possibile che alcuni di essi siano saltati. Infatti gli individui possono percepire i bisogni in modo diverso per cui alcuni possono decidere di soddisfare i bisogni di grado più elevato sacrificando altri di ordine inferiore;
- accade che in situazioni diverse e in contesti economici e culturali diversi le scale dei bisogni degli individui possono essere differenti;
- la teoria esclude che un individuo possa essere spinto da più bisogni contemporaneamente anche se con diversa intensità.

LAVORARE IN SINTONIA CON LA VITA

Dalle ricerche ISPESL, sulla salute fisica e mentale dei lavoratori, emerge l'importanza di lavorare in modo felice e più economico

Lo stress da lavoro colpisce il 22 per cento dei lavoratori. Da studi condotti dall' Ispesl, Istituto superiore per la prevenzione e la sicurezza sul lavoro, emerge che una percentuale compresa tra il 50 e il 60 per cento delle giornate lavorative è persa proprio a causa dello stress, il che comporta un impiego di 22 milioni di euro annui per motivi di stress lavoro-correlato.

Le cause dei disturbi lavoro-correlati possono essere molteplici, tra cui l'introduzione delle nuove tecnologie, piuttosto che nuove forme contrattuali flessibili, la tipologia di professione e l'organizzazione del contesto lavorativo. Disturbi psicologico-psichiatrici in crescita, legati all'adattamento o di tipo ansioso-depressivo sono spesso riconducibili a situazioni lavorative snervanti e colpiscono soprattutto i soggetti compresi tra i 35-44 anni.

Come abbiamo già evidenziato in un'altra occasione, è fondamentale trasmettere ai datori di lavoro l'importanza di creare un ambiente sano e libero dall'ansia, al fine di ottenere non solo un risparmio aziendale, ma anche e soprattutto il benessere della forza lavoro. Lo stress e i conflitti sul lavoro, che si acuiscono nei momenti di difficoltà, ostacolano maggiormente la gestione di una crisi.

Secondo il britannico National Institute for Health and Clinical Excellence (NICE), una delle responsabilità per ovviare il dilagare di questi disturbi va ricercata proprio nella figura dei manager e dirigenti, i quali dovrebbero rivisitare atteggiamenti rigidi e autoritari per lasciare maggior spazio a feedback positivi nei confronti dei subordinati, dare maggior libertà e autonomia accrescendo l'autostima e l'autonomia sul lavoro.

Secondo la Campagna Europea sulla Salute Mentale, "Lavorare in Sintonia con la Vita", è necessario:

- comprendere e prevenire i fattore che generano stress e problemi legati alla salute mentale;
- offrire supporto ai dipendenti che hanno problemi legati alla salute mentale;
- sviluppare politiche aziendali per il reinserimento e/o impiego di chi è affetto da problemi psichici.

Perfino giuridicamente il termine "salute" è stato ampliato in modo significativo, indicando non solo l'assenza di malattie o infermità, ma anche uno stato di benessere psicofisico e sociale, introducendo come fattore rischio lo stress lavoro-correlato.

La salute psico-fisica del personale, diventa così punto imprescindibile.

BURNOUT

Burnout è il "non farcela più", l'insoddisfazione e l'irritazione quotidiana, la prostrazione e lo svuotamento, il senso di delusione e di impotenza di molti lavoratori.

Alcuni lo identificano con lo stress lavorativo specifico delle helping professions, ma l'atteggiamento di indifferenza, malevolenza e di cinismo verso i destinatari della propria attività lavorativa ne fanno un contagioso virus dell'anima; sottile, invisibile, penetrante.

Per affrontare il problema è dunque consigliabile l'adozione di un approccio preventivo. Il contesto lavorativo attuale, modellato da forze sociali, culturali ed economiche potenzialmente rischiose mette a dura prova le organizzazioni, forzate ad aumentare la produttività, a riprogettare le gestioni e a resistere allo sfruttamento opportunistico. E i lavoratori? Interiorizzano tali mutamenti e li trasformano in stress fisico e psicologico.

Così il burnout diventa una sindrome da stress non più esclusiva delle professioni d'aiuto, ma probabile in qualsiasi organizzazione mal gestita, dove si lavora senza organizzazione e con scarsa ed inadeguata retribuzione.

Quali "storie" ti racconti?

Cambiare vita? Ardua impresa. Aprire un'attività senza capitali? Troppo rischioso

Ti è mai capitato di rinunciare ad un obiettivo importante solo perché credevi di non riuscire a realizzarlo? Di non esserne all'altezza? Secondo *Anthony Robbins*, il formatore motivazionale n.1 al mondo e coach di leader mondiali come Bill Clinton e Donald Trump, sono "le credenze" che influenzano le nostre azioni e di conseguenza, determinano i nostri risultati.

Che cosa sono le credenze? Sono quell'insieme di pensieri e di idee radicati dentro di noi, quelle convinzioni che abbiamo su noi stessi e sul rapporto con gli altri, sono le mappe che guidano le nostre azioni e influenzano il nostro modo di essere e di agire.

Prendiamo in esame delle credenze che possono limitare i nostri atteggiamenti. Se un ragazzo è convinto di essere un pessimo studente, come inciderà questa credenza sul suo rendimento scolastico? È probabile che non si impegnerà più del necessario, perché convinto di non poter migliorare il suo livello.

La bella notizia è che le credenze sono una scelta! Ciò che sei è quello che scegli di essere. Il modo in cui vivi è quello che scegli di vivere. Tu hai il potere di cambiare la realtà se solo impari a focalizzarti sulle credenze che ti potenziano, piuttosto che su quelle che ti limitano.

Questo non vuol dire che basta una forte convinzione per ottenere risultati: lavorare sulle proprie credenze è un processo che richiede impegno e costanza. Ecco allora 3 "fonti" a cui attingere per sviluppare credenze potenzianti:

1. **Ambiente**. «Pochi sono capaci di esprimere opinioni diverse dai pregiudizi propri del loro ambiente sociale.», Albert Eistein. Il nostro cervello è una spugna che assorbe in maniera inconscia tutto ciò che accade intorno a noi. Le credenze, gli atteggiamenti di chi ci circonda influenzano inevitabilmente i nostri. Cerca, quindi, persone che possano influenzarti positivamente, che stimi per i risultati che hanno raggiunto e che possano essere per te un modello. Immergiti nel loro ambiente e fallo tuo!

2. **Esperienza**. L'esperienza è il fondamento delle nostre convinzioni, perché è attraverso questa che sviluppiamo la visione di noi stessi e degli altri. Crea occasioni per vivere nuove esperienze, per conoscere nuove realtà, nuove persone. Puoi andare più spesso al cinema, leggere ogni giorno un quotidiano, frequentare corsi di formazione. Più esci fuori dall'ambiente e dagli schemi limitanti che ti hanno condizionato, più accumuli conoscenze e di conseguenza nuove convinzioni.

3. **Visualizza le esperienze future**. Così come le esperienze passate condizionano le nostre azioni, lo stesso vale se ogni giorno mettiamo a fuoco il nostro futuro. Visualizzare la realizzazione di ciò che ci si è prefissato può alimentare notevolmente le nostre credenze potenzianti. Pensa ad un obiettivo di vendita per quest'anno: è più facile guadagnare 10.000 euro o 50.000 euro? Se ritieni più facile guadagnare

10.000 euro vuol dire che tendi a limitarti. Associ il denaro alla fatica e questo influirà negativamente sulle tue performance, creandoti ansie e frustrazioni sul lavoro e andando a minare i tuoi risultati. Al contrario, se credi che sia più facile guadagnare 50.000 euro, sai di avere gli strumenti giusti per realizzare il tuo obiettivo economico. Probabilmente associ il denaro al benessere e ti piace immaginare ciò che potrai fare dopo aver raggiunto il tuo traguardo: comprare una casa più grande, andare in vacanza con la tua famiglia, avere più tempo per te stesso.

Queste visualizzazioni saranno il carburante che ti spingerà ogni giorno a lavorare di più e meglio per raggiungere i tuoi obiettivi. Ricorda: quello che decidi di costruire fuori e dentro di te, sarà il tuo futuro..perché solo tu hai il potere di scegliere chi essere e di vivere nel modo che desideri. Per approfondire questi argomenti consigliamo la lettura del libro bestseller a livello mondiale di Anthony Robbins "Come migliorare il proprio stato mentale,fisico,finanziario".

SBAGLIANDO SI IMPARA: IL VALORE DELL'INSUCCESSO

Un noto proverbio afferma: «Sbagliando si impara». Potrebbe sembrare una frase consolatoria, come dire: «Non giriamo il coltello nella piaga. Non facciamo sentire, la persona che ha sbagliato, più in colpa di quello che è necessario». Ma in realtà è proprio così: l'insuccesso può essere un utile momento di crescita e di apprendimento. Spesso immaginiamo che trovandoci di fronte ad un obiettivo da raggiungere nella sfera personale o professionale, possiamo imboccare due strade diverse: una costellata solamente di successi e soddisfazioni e l'altra disseminata esclusivamente di fallimenti e di errori. Ma nella realtà non è mai così e per giungere al successo occorre superare una serie di ostacoli e di difficoltà. E solo affrontando e superando tali difficoltà che si può raggiungere la meta prefissata. Come sostiene Vince Thomas Lombardi, allenatore di football americano, «il maggior successo non consiste nel non cadere mai, ma nel rialzarsi dopo ogni caduta». Evitare gli errori dunque è piuttosto improbabile, ma essi possono essere trasformati in momenti costruttivi che aiutano a crescere e permettono di fare un passo in più verso la meta prefissata. Affinché ciò sia possibile bisogna evitare di porsi di fronte all'errore con un atteggiamento di autocommiserazione, con senso di colpa e pessimismo o cercando un capro espiatorio.

L'errore, la possibilità di sbagliare spesso spaventano al punto da poter addirittura frenare ogni decisione o azione: meglio non fare nulla che fare qualcosa di errato. "Sbagliare è umano" dice un altro proverbio: dunque, non bisogna avere paura dei possibili **errori**. Anzi è proprio l'insuccesso, spesso, a determinare un cambiamento e il desiderio di percorrere nuove strade. Occorre imparare dai propri errori in modo da poter fare di essi dei nuovi punti di forza. Ma perché un insuccesso non va considerato come un evento negativo? Prima di tutto, come si è detto, ogni errore può essere un momento di apprendimento. Un bambino piccolo impara a camminare cadendo tante volte e ogni volta rialzandosi. Dall'esperienza, anche negativa, si impara e si acquisisce la capacità, in situazioni analoghe, di non ripetere l'errore. L'insuccesso accresce la maturità, può rendere più forti di quanto accade quando tutto procede per il verso giusto, aumenta la capacità di togliersi da situazioni difficili. Quando sbagliamo ci fermiamo a chiederci se stiamo seguendo la strada giusta, in cosa abbiamo sbagliato, come possiamo evitare di ricommettere gli stessi errori, cosa dobbiamo cambiare. È perché no, l'insuccesso può darci la forza di lasciare la vecchia strada per percorrerne di nuove e può rivelarsi, così, una notevole fonte di nuove opportunità.

LA SODDISFAZIONE PER IL LAVORO

L'espressione job satistation viene utilizzata per la prima volta da Hoppock nel 1935. Nel corso degli anni si sono succedute molte teorie e molte ricerche volta a cercare di comprendere quali fattori determinano la soddisfazione per il lavoro

Il termine lavoro indica l'impiego di un'energia per uno scopo determinato, ma nel linguaggio familiare è usato anche per indicare fatica, sforzo. Non a caso spesso il lavoro viene associato a insoddisfazione o stress. Secondo Taylor i lavoratori sono persuasi a lavorare soprattutto per il proprio interesse verso il denaro, con la conseguenza che per loro una situazione lavorativa soddisfacente è rappresentata dal poter percepire una retribuzione dignitosa con il minimo sforzo. Nel 1927 Henri de Man afferma in un suo testo (La gioia del lavoro) che la comprensione, da parte del lavoratore, della utilità sociale del proprio lavoro può far crescere la sua soddisfazione. Tra il 1927 e il 1932 Elton Mayo e il suo gruppo di ricercatori conducono una serie di esperimenti con lo scopo di evidenziare le relazioni esistenti tra alcuni fattori come numero di ore lavorate, frequenza e durata delle pause di riposo e il rendimento sul lavoro. Tali esperimenti dimostrano un aumento costante dei rendimenti, ma senza che vi sia una precisa relazione con i fattori esaminati. L'ipotesi avanzata da Mayo è che il miglioramento dei rendimenti è dovuto ad una maggiore soddisfazione degli operai sottoposti ad osservazione. Nel 1935, R. Hoppock per la prima volta utilizza l'espressione job satistation. Egli, oltre a costruire un indice per misurare la soddisfazione generale, afferma che la job satisfation non può essere considerata separatamente rispetto alla soddisfazione generale nella vita. La soddisfazione per il lavoro di un soggetto può dipendere da tanti fattori:

- contenuto del lavoro svolto, come mansioni, modalità di svolgimento dei compiti, ambiente fisico nel quale il lavoro è svolto. Secondo Hackman e Oldham (1976) i lavori complessi sono, in genere, più soddisfacenti rispetto a quelli maggiormente ripetitivi;
- clima organizzativo, come relazioni che si creano con gli altri lavoratori, con i superiori, sostegno da parte di questi ultimi, coesione tra colleghi, norme applicate sul luogo di lavoro, organizzazione formale, innovazione, pressione sul lavoro, ecc.. Mayo (1949) afferma che "il desiderio di essere stimati dai propri simili, il cosiddetto istinto di associazione, è decisamente preponderante rispetto al mero interesse personale";

- fattori economici. Per quanto riguarda il legame tra soddisfazione per il lavoro e retribuzione non tutti gli studi pervengono alle medesime conclusioni. Secondo Lawler (1971) la soddisfazione nella paga dipende non solo da quanto il dipendente riceve, ma anche dalla percezione di quanto ricevono gli altri e dalla percezione di quanto egli dovrebbe ricevere;
- altri fattori personali quali personalità, età, titolo di studio, ambiente culturale di provenienza. Così, ad esempio, con il crescere del livello economico e professionale le persone, generalmente avvertono più forte il bisogno di stima e di autorealizzazione.

Va però precisato che questi fattori non hanno la stessa importanza in tutti i soggetti: per cui per certi lavoratori potrebbero essere prevalenti alcuni di essi, che invece potrebbero rivestire una minore importanza per altri.

IL DISCORSO TIPICO DELLO SCHIAVO

*Uno degli aspetti più micidiale dell'attuale cultura, è di far credere
che sia l'unica cultura... invece è semplicemente la peggiore.*

*Bèh gli esempi sono nel cuore di ognuno... per esempio il fatto che
la gente vada a lavorare sei giorni alla settimana è la cosa più
pezzente che si possa immaginare.*

*Come si fa a rubare la vita agli esseri umani in cambio del cibo, del
letto, della macchinetta...*

*Mentre fino ad ieri credevo che mi avessero fatto un piacere a darmi
un lavoro, da oggi penso:
"Pensa questi bastardi che mi stanno rubando l'unica vita che ho,
perché non ne avrò un'altra,
c'ho solo questa... e loro mi fanno andare a lavorare 5 volte... 6
giorni alla settimana e mi lasciano un miserabile giorno... per fare
cosa? come si fa in un giorno a costruire la vita?!"*

*Allora, intanto uno non deve mettere i fiorellini alla finestra della
cella della quale è prigioniero
perché sennò anche se un giorno la porta sarà aperta lui non vorrà
uscire...*

*Deve sempre pensare, con una coscienza perfetta:
"Questi stanno rubandomi la vita, in cambio di mille e
quattrocento euro al mese, bene che vada, mentre io sono un
capolavoro il cui valore è inenarrabile"*

*Non capisco perché un quadro di Van Gogh debba valere 77
miliardi e un essere umano mille e quattrocento euro al mese, bene
che vada.
Secondo me, poi, siccome c'è un parametro che, con le nuove*

tecnologie, i profitti sono aumentati almeno 100 volte... e allora il lavoro doveva diminuire almeno 10 volte! Invece no! L'orario di lavoro è rimasto intatto. Oggi so che mi stanno rubando il bene più prezioso che mi è stato dato dalla Natura. Pensa alla cosa più bella che la Natura propone, che è quella di, mettiamo, di fare l'amore, no?!

Immagina che tu vivi in un sistema politico, economico e sociale dove le persone sono obbligate, con quello che le sorveglia, a fare l'amore otto ore al giorno... sarebbe una vera tortura... e quindi perché non dovrebbe essere la stessa cosa per il lavoro che non è certamente più gradevole di fare l'amore, no?! Per esempio il fatto che la gente vada a lavorare sei giorni alla settimana... certo c'ho il mitra alla nuca... lo faccio, perché faccio il discorso: "Meglio leccare il pavimento o morire?"
"Meglio leccare il pavimento" ma quello che è orrendo in questa cultura è che "leccare il pavimento" è diventata addirittura una aspirazione, capisci?

Ma è mostruoso che il tipo debba andare a lavorare 8 ore al giorno e debba essere pure grado a chi gli fa leccare il pavimento, capisci? Tutto ciò è "oggettivamente" mostruoso, ma la dove la coscienza produce coscienza, tutto ciò è "effettivamente" mostruoso...

"SI VABBE' MA ORMAI E' IRREVERSIBILE LA SITUAZIONE"

Si, tu fai giustamente un discorso in difesa di chi ti opprime, perché è il tipico dello schiavo, no?! Il vero schiavo... il vero schiavo difende il padrone, mica lo combatte. Perché lo schiavo non è tanto quello che ha la catena al piede quanto quello che non è più capace di immaginarsi la libertà.

Ma rispetto a quello che tu mi hai detto adesso: quando Galileo ha enunciato che era la Terra a girare intorno al Sole, ci sarà sicuramente stato qualcuno come te, che gli avrà detto: "Eh si! sono 22 secoli che tutti dicono che è il Sole che gira intorno, mò arrivi te a dire questa stronzata... e come farai a spiegarlo, a *tutti gli esseri umani?" e lui: "Non è affar mio, signori..."*

"Allora guarda, noi intanto ti caliamo in un pozzo e ti facciamo dire che non è vero, così tutto torna nell'ordine delle cose"... hai capito? Perché tutto l'Occidente vive in un'area di beneficio perché sta rubando 8/10 dei beni del resto del Mondo. Quindi non è che noi stiamo vivendo in un regime politico capace di darci la televisione, la macchina... no.

E' un sistema politico che sa rubare 8/10 a 3/4 di Mondo e da un po' di benessere a 1/4 di Mondo, che siamo noi...

quindi, signori miei, o ci si sveglia... o si fa finta di dormire... o bisogna accorgersi che siete tutti morti...

di Silvano Agosti

VIVERE DI RENDITA

E perchè no e, soprattutto, *senza vergognarsi di essere considerati degli scansafatiche.* Non e' questo il mestiere più desiderato del mondo.

L'importante è avere chiaro che si può cambiare da un giorno all'altro luogo di residenza e professione, **ma** *uno stile di vita non si improvvisa.* La *virata* va ponderata, misurata, e, soprattutto, programmata. Decisa in modo tranquillo anche dal resto della famiglia, se non si è soli.

Per l'Occidente, pensare alla decrescita, non è solo inevitabile. E' desiderabile, in quanto è l'unica occasione non conflittuale e non distruttiva per andare verso una società più rilassata, profonda e solidale. In una parola serena.

Utilizzare una rendita quale sussistenza di vita può sembrare un sogno per pochi. In realtà, per alimentare le determinanti della felicità non c'è solo l'aspetto puramente economico

Non è un delitto pensare in una certa fase della vita di poter stravolgere il paradigma classico *reddito=sussistenza* e valutare alternative che soddisfino più la sonnecchiante possibilità di potersi finalmente occupare della realizzazione delle proprie ambizioni senza produrre le sospirate "entrate" alternative.

Di fatto, le società più progredite si stanno dinamicamente portando verso l'esercizio della rendita "sulla persona" come principio di sussistenza anche grazie al suo costante invecchiamento. Nel Nord Europa è pratica comune e dove non così eticamente riprovevole dedicarsi ad attività non reddito-centriche (hobbies, viaggi, impegno sociale). Il pensare che la rendita perchè sia tale debba essere figlia di una situazione patrimoniale adeguata non è sempre determinante rivedendo nella giusta ottica le nuove opportunità se ne desume un accettabile bilancio complessivo anche vivendo leggermente sotto i propri mezzi, ma dando risalto ad aspetti intangibili come benessere, serenità, soddisfazione sociale si riposiziona il baricentro della propria qualità della vita e il ROI (ritorno sull'investimento) personale può essere riconsiderato sotto una nuova luce.

Il rallentamento drastico dell'economia pone l'attenzione sulla necessità di diversificare gli impegni nella propria vita, vuoi per riempire potenziali "tempi morti" forzati da un ristagno dell'impegno lavorativo, così come il dover pensare ad una migliore ridistribuzione delle risorse che garantisca un futuro che a detta di tutti "non sarà più come prima..." .

Ecco allora farsi avanti nuovi termini su cui rivalutare la qualità della vita:

- Grado di controllo percepito della propria vita attuale e futura inteso come capacità di poter decidere su di sè e il senso di indipendenza che se ne ricava: proattività verso ciò che attualmente ci condiziona: sicuramente Il tempo è comunque la risorsa scarsa e neanche un reddito "compiacente" può spesso metterlo in discussione; il dare una priorità agli impegni implica una scelta forzata riconosciuta come perdita del controllo sulla propria vita.

- Impegno partecipativo e relazionale, come esercizio e raccolta di condivisione quindi di realizzazione degli obiettivi sociali congeniti allo spirito puro della natura umana (il successo dei network sociali non sono un caso).
- Sviluppo e applicazione delle attitudini recondite e irrazionali: potenziale inespresso da esplicitare e tesaurizzare rendendo sempre più labile il confine tra hobbies e attività lavorative remunerative.
- Miglioramento della misura dei risultati raggiunti in base al rapporto ricavo/impegno profuso: Il parametrizzare il grado di raggiungimento degli obiettivi personali non è solo uno strumento aziendale di follow-up meritocratico.

Certo, non è semplice. Ma lo può diventare se, al comportamento più responsabile e meno superficiale di ciascuno di noi, si associano politiche sociali adeguate.

Intanto, è necessaria una preparazione mentale. Basta pensare che vivere di rendita sia un delitto!

Del resto, la condanna di uno stile di vita più rilassato è molto antica. Ed è diventata anacronistica.

Sono passati più di 200 anni, da quando i detentori del capitale hanno cominciato a riempire di insulti chi viveva di rendita. I lavoratori, invece, hanno sempre aspirato a guadagnare tempo e a vivere ognuno secondo i propri bisogni.

Vivere di rendita è un'aspirazione profonda, ancestrale, che va liberata. Non ci si deve più sentire a disagio se, riducendo i tempi lavorativi e dedicandosi ai propri hobby o alla propria famiglia, il massimo che si riesca a fare in ventiquattro ore, sia leggere un giornale o fare una partita a scacchi. Occorre resistere alla vergogna di sentirsi oziosi, retaggio di condizionamenti sociali protratti per secoli. Sì, qualcuno, sarà invaso dalla noia, dalla pigrizia e da un senso di inquietudine. In quel caso, fondamentale è tenere a mente un "particolare:" il tempo *rubato* al lavoro è un tempo ben speso, perché utile a conseguire i desideri di felicità e a dedicarsi alle proprie passioni. Non avremmo mai scritto e pubblicato i ns. libri ad esempio continuando a "sopravvivere " in Italia.

E poi, si tengano in considerazioni altri aspetti. Riducendo il lavoro, si riducono le tasse, anche in modo sensibile. Poi, si può più facilmente accettare meno compromessi, imporre condizioni minime, richiedere una gestione personalizzata dei tempi della prestazione. Prendendo meno in termini finanziari si può, però, più facilmente scegliere un lavoro che più corrisponda ai propri desideri e alle proprie attitudini. In questo senso, molti svolgono "lo stesso lavoro di prima, ma con minor intensità", attraverso le formule della consulenza o dell' agenzia. Altri ancora hanno trasformato il lavoro precedente in un'attività completamente indipendente e anche critica nei confronti della precedente professione viziata da conflitti di interesse e compromessi mercantili. Realizzare la propria passione darà sempre un'intima soddisfazione, anche se talvolta non basterà alla propria sostenibilità finanziaria. Di qui l'importanza di imporsi uno stile di vita ed imparare a "rivalutare" i propri beni immateriali, per saperli "prezzare". Ridefinire i concetti della ricchezza e della povertà e le misure del proprio benessere. Ristrutturare il proprio patrimonio, perché risponda meglio allo stile di vita scelto. Ridistribuire la propria ricchezza all'interno del proprio nucleo familiare, soprattutto fra generazioni, anticipando con piccole donazioni in vita ciò che era al più destinato a un lascito post mortem. Rilocalizzare la propria vita in un ambiente sereno e meno costoso. Ridurre i consumi superflui, oltre che le tasse e il tempo di lavoro a tre quattro ore al giorno. Riutilizzare e riciclare, per recuperare valore, idee, conoscenze e relazioni che ci possono riportare ricchezza.

Utilizzare il tempo in modo giocoso e sempre in compagnia di altre persone. In America, addirittura, esiste un'ampia letteratura sul time-management della vita oziosa. Condividiamo in massima parte l'impostazione di pianificazione di sé, che somiglia a quella autodisciplina classica mirante a non lasciare una sola giornata vuota e propensa anzi a lasciare un segno per ogni giorno vissuto. Si consiglia innanzitutto di scrivere una lista dei propri desideri (Anthony Robbins insegna...), tenendoli cosi a mente e ben in vista. Si ritiene anche utile costruire un piano settimanale delle attività e un piccolo memo di ciò che si vuole e si riesce a fare, scoraggiandoti cosi dallo sprecare il tempo, perché ti vergognerai di ammettere che tutto ciò che hai fatto ieri è stato il pieno di benzina e passare qualche ora davanti alla tv.

Non si trascurano i piccoli consigli, tipo "non leggere il giornale o mandar mail di primo mattino, perché ti confonderanno il cervello con una marea di idee sconnesse". L'importante, al di là di tutti i suggerimenti, è non "riprodurre troppo da vicino, con questi schemi, la routine acquisita sul lavoro. E vivere il passaggio a "nuova vita" con tranquillità. Nonostante i disagi di natura finanziaria che, all'improvviso, il cambiamento potrebbe dare.

Si pensi al panico di fronte ad una certa sostenibilità, perché dopo i calcoli sono sopraggiunti imprevisti, minori entrate, maggiori uscite. Il consiglio è sempre in direzione di una razionalizzazione, cui far eventualmente seguire una consapevole revisione di alcuni elementi del proprio modello: un minore accantonamento per la successione, una riduzione dei costi, una riorganizzazione del portafoglio.

Come si vede il passaggio ad una vita più comoda può avvenire solo attraverso una seria programmazione. E solo continuando a fare calcoli, previsioni, ci si potrà permettere di mantenere uno stile di vita più rilassato. Mai, dunque, colpi di testa per scegliere di vivere di rendita che non è certo un invito a vivere nel lusso una vita sfrenata ed esaltata, quanto vivere in modo lento e poco competitivo.

Per questo, la parola magica, fondamentale per passare ad una vita oziosa, è pianificare. Scegliere in modo adeguato anche il tempo in cui cambiare modus vivendi. Perché, per esempio, è preferibile non cominciare a vivere di rendita dopo un lutto, un momento infelice. E poi quantificare con precisione le risorse necessarie a vivere dopo aver ridotto orario ed entrate da lavoro.

Il tempo è la cosa più preziosa che un uomo può spendere

Teofrasto

USCIRE DAL DEBITO

Importante nelle prime fasi è imparare a: uscire dal debito, controllare i propri consumi, gestire in modo consapevole i propri beni, godere delle tecniche finanziarie del *non agire*, creare capitale sociale in famiglia e nella comunità. Più in dettaglio: non rimanere soli, anzi comunicare con gli altri, non usare forme di credito al consumo, eliminare carte di credito, avere un atteggiamento conservativo di wealth-protection, persino non diventare un grosso creditore, controllare gli effetti, premiarsi con i risultati.

Dunque, una volta compresa la necessità di cambiare una vita *mediaworldnalizzata* per raggiungere l'indipendenza attraverso la sobrietà, occorre cominciare a valutare: se chiedere in anticipo la pensione o optare per il semipensionamento, come rendere redditizi i propri immobili, come gestire un mutuo.

E tutto questo, avendo sempre in mente che, per vivere di rendita, occorre evitare gli sprechi, la corsa all'emulazione e accettare il dono.

Per concludere, è possibile modificare di molto il proprio stile di vita, ma è un esercizio che si affina col tempo. Dicono bene Aristotele e Cechov: "l'eccellenza , come la volgarità, non è un singolo atto, ma un comportamento". La strategia del downshifting (semplicità volontaria), e' un elemento decisivo: tuttavia, non basterà a vivere di rendita. L'importante è una costante vigilanza, perché ci può essere sempre qualcosa fuori dal budget: un rinnovo di arredi, il bagno da rifare, un dentista , una vacanza che vuole i suoi costi, un anno di tassazioni impreviste, ed in Brasile la "*burrocrazia*" e le tasse sono a volte imprevedibili... per questi aspetti raccomandiamo la guida pratica "Investire in Brasile! Cosa fare e cosa non...fare!" . Bisogna evitare di basare un progetto di vivere di rendita solo sull'idea di contenere i consumi. Ci vuole ben altro. Occorrono: scelte su cosa si vuole lasciare agli altri in vita e dopo, corrette e oneste stime sulla fruibilità del patrimonio familiare, un'efficace impostazione di piani di previdenza, un costante controllo del proprio patrimonio, la sua messa a rendita, infine un impegno di tutela del patrimonio pubblico e di buon uso dei beni comuni.

Spesso, la zona in cui ci si muove con maggiore spontaneità, è quella più insidiosa. Perché ci protegge e rassicura, ma solo in apparenza. Gli obiettivi del lavoro, sintesi di tante esperienze professionali e di vita, e`, appunto, ispirare l'uscita da questa area di falso conforto, far sapere che altre persone ce l'hanno fatta e spiegare come ci sono riuscite. Per questo all'interno del libro abbiamo riportato storie vere di alcune di queste persone.

C'e` chi questo passaggio riesce a farlo da solo. Chi, invece, ha bisogno di un confronto con un amico o un professionista. Chi, ancora, fa più fatica e ha bisogno di uno psicoterapeuta, perché necessita di un cambiamento più ampio e al tempo stesso più profondo, avendo maggiori resistenze inconsce.

Non e` importante, in ogni caso, il modo con cui si arriva al cambiamento. Fondamentale e` farcela, lasciarsi alle spalle, se se ne ha davvero voglia, quella zona grigia di staticità, impotenza ad agire e a essere qualcosa di diverso.

"Questa é l'unica vita che abbiamo: tanto vale giocarsela al meglio, non avere rimpianti tardivi e arrivare a una vera sintonia tra gli intenti e il fare".

Tante volte il cambiamento nasce da input esterni. Ed è automatico. Muta l'economia e insieme la società, l'esistenza delle persone, le relazioni, le scale di valori. Ed in questa crisi globale nessuno può permettersi di rimanere semplice osservatore del fenomeno. Si é costretti a esserne protagonisti. Anzi, é meglio essere attori del cambiamento piuttosto che subirlo passivamente. Questa sembra la vera chiave di volta per costruirci un'esistenza che ci somigli il più possibile. Si pensi a quanto sia cambiato il mercato del lavoro. Molti trentenni non sanno cosa voglia dire avere un 'posto fisso', aspirazione primaria delle generazioni precedenti, che con l'attività "eterna" riuscivano a farsi una famiglia. A costruire una casa. Oggi, il posto fisso lascia sempre più spazio all'iniziativa privata. Per questo conviene afferrare il toro per le corna, riprendere in mano il proprio destino per indirizzarlo nel modo più congeniale a ciascuno.

Ma certo, tutto questo ha un prezzo. I cambiamenti portano con sé dolore, poiché scompigliano la vita di chi li affronta. E allora? L'importante, è che siano ponderati, misurati, graduali. E, soprattutto, "riconosciuti". In questo senso, occorre imparare ad ascoltarsi, cosa non affatto facile ma fondamentale.

Dunque, la spinta al cambiamento non va mai sottovalutata. Può nascere da sentimenti negativi (ansia, frustrazione, senso di inadeguatezza) che però vanno indagati, perché portatori di un significato più profondo. Spesso la vita che conduciamo non è adatta a noi. La "CRISI" può così diventare una grande opportunità di rinnovamento, una salutare 'doccia fredda' grazie alla quale ritrovare motivazione, forza e inventiva. E questo senza dar peso all'età.

Spesso, la 'salvezza', che si percepisce in età matura può risiedere proprio in queste sei parole:

« **Andarsene, spesso, é molto meglio che restare".**

HAI DECISO DI FUGGIRE DALL'ITALIA?

Per molti mestieri la presenza fisica "in ufficio" diventa sempre più marginale, mentre internet e il computer consentono una presenza "giornaliera" nella guida di un'impresa o di una società. Il turista comincia a diventare residente. La scelta di una nuova dimensione prevale sulla superficiale curiosità. Insomma si cambia casa, nazione, luogo di vita, abitudini per sempre o per qualche mese l'anno. Spendendo molto meno che in patria e vivendo molto meglio. E', appunto, la fuga flessibile, alla portata di tutti i portafogli. A patto naturalmente di recidere qualche ponte e armarsi del necessario coraggio.

Oggi sembrano siano soprattutto i pensionati a lasciare il Belpaese, per quattro fondamentali motivi:

1. perché solo la pensione ti assicura un introito, ancorché minimo, per affrontare con ragionevole stabilità il radicamento in lidi lontani
2. perché il pensionato ha meno legami da recidere
3. perché i figli oramai grandi tutto sommato assicurano una ciambella di salvataggio in caso di un pentito ritorno
4. e poi perché un piede qua e un piede là consentono persino una fuga part time, inverno ai tropici e primavera in Italia

Ma il trend sta interessando anche i giovani delusi dalla propria terra. *Il lavoro in Italia sempre più precario, pensano i ragazzi, si può svolgere anche all'estero, vivendo in modo meno caro.* Non è tutto. Aumentano i single che hanno maggiore libertà psicologica e materiale nello scegliere il posto in cui vivere. Oggi, poi, non solo nell'alveo della sinistra, ma in molti altri ambienti, l'asfissia politica, l'impossibilità di partecipazione, il disgusto per il carrierismo e la corruzione finiscono per spingere molti a cercare altrove le radici di più profondi valori.

Qualche numero?

Nel solo 2005 sono stati circa 19 mila gli immobili residenziali acquistati dagli italiani oltre frontiera, con un incremento dell'80 per cento rispetto ai dati di un decennio prima. E negli ultimi anni, dal 2006 ad oggi, la tendenza si conferma con una media d'incremento dal 10 al 15 per cento.

Ci sono molti giovani imprenditori coinvolti dalla fuga flessibile nel campo dell'edilizia, della ristorazione, dei servizi turistici. Questi ultimi ritengono inutile la permanenza all'estero durante la "stagione morta" che, fra l'altro, spesso coincide con l'epoca delle grandi piogge o comunque del maltempo anche se nel Nordeste del Brasile queste condizioni atmosferiche cosi' accentuate praticamente non esistono.

Molti poi, acquistano la casa all'estero e per alcuni mesi l'anno la utilizzano personalmente, per altri mesi l'affittano ad altri conoscenti o la danno in gestione alle numerose agenzie locali che svolgono questo ruolo. Altri ancora non acquistano una casa, ma optano per un affitto temporaneo, che spesso costa solo intorno ai 250 euro al mese, ritornando a trascorrere l'estate in Italia. E' proprio questa 'flessibilità' che ha moltiplicato le 'fughe' all'estero, perché questa soluzione appare non come un'ultima spiaggia (come lo era per i nostri vecchi emigranti), ma come un'opportunità per entrare e uscire. In linea generale è possibile ipotizzare che la metà dei nuovi residenti all'estero appartenga a questa categoria "flessibile".

Come sostengono numerosi psicologi un felice cambiamento non è la distruzione della propria vita precedente, ma un'evoluzione che salva il salvabile e migliora il migliorabile. Infatti a noi non piacciono le espressioni e/o luoghi comuni, a ns. modesto parere anche limitanti, tipo: mollo tutto, scappo via, cambio vita e non torno piu' etc... Il segreto, se esiste un segreto, e' pianificare ed informarsi, come stai facendo in questo momento leggendo questo libro.

La preparazione alla scelta di una "fuga" felice presuppone alcune condizioni. Innanzitutto la conoscenza del luogo, dove andare. Il Brasile e' un continente, non dimenticarlo mai. Poi si deve pensare alle proprie possibilità economiche, ai propri gusti climatici, alla capacità di adattarsi alla gastronomia locale, persino al proprio stato di salute. E a proposito di salute sfatiamo alcuni miti. E cioè che in in America Latina l'assistenza sanitaria sia da terzo mondo. Nella rete di ospedali e cliniche private lavorano medici di provata esperienza e capacità, ovviamente essendo private bisogna pagare i servizi volta per volta o aderire ad una polizza assicurativa sanitaria.

Gli italiani di ceto medio non hanno molta esperienza di fuga all'estero. Per un motivo molto semplice: non hanno grande tradizione coloniale alle spalle e gli unici a partire nel passato erano i ceti meno abbienti "costretti" alla scelta dell'emigrazione. Gli inglesi, i francesi, gli statunitensi hanno nel loro DNA la consuetudine di una mobilità verso le colonie anche da parte dei ceti medio – alti. Molti ex possedimenti esotici di queste nazioni sono ancora molto frequentati da questi nostri amici europei che – diciamocelo – non hanno mai smesso di considerare alcuni territori come loro terre d'oltremare.

Gli italiani infatti sono relativamente nuovi a questi fenomeni e solo dagli anni '80 stanno creando delle "enclave" di loro esclusiva presenza.

La filosofia che muove alla "fuga" e' semplice:

"Tra trovare un lavoro precario in patria e cercare un lavoro precario all'estero, scelgo la seconda ipotesi e almeno mi godo il sole dei tropici".

Quindi e' facile prevedere non solo un aumento del fenomeno, ma anche una sua "giovanilizzazione", man mano che aumentano le difficoltà di inserimento economico in patria.

C'è in questo fenomeno un aspetto positivo, dato dalla nuova consapevolezza che la vita va vissuta con pienezza e creatività. E questo lo pensano sia i giovani sia i sessantenni, che fino a pochi anni fa sembravano relegati in Italia ad un destino di "ospizio dei poveri". Ma c'è anche qualche lato negativo. Molte coste del Nordeste del Brasile e non solo stanno conoscendo un destino di cementificazione uguale a quello che si è registrato negli anni '60 e '70 sui nostri litorali. Imprenditori senza gusto e scrupoli competono tra loro ad "offrire" a basso costo appartamentini e villette ad un mercato europeo, senza curarsi dei danni ambientali che producono. L'altro problema è rappresentato dal fatto che spesso all'estero la comunità italiana tende a fare vita chiusa in se stessa, nei suoi circoli e nelle sue frequentazioni da "comitiva". Il significato della "fuga" va invece ricercato nella scelta opposta: intrecciare un rapporto con la popolazione del nuovo luogo che si sceglie e, soprattutto, cercare di rendersi utile con tante possibili forme di aiuto e solidarietà.

LA SOCIETÀ CHE CAMBIA

Rabbia: si potrebbe definire il male del secolo e non si esagererebbe. Guardiamoci intorno. Sembra che l'aggressività connoti ogni gesto quotidiano. Stalking, mobbing, bullismo, ospiti televisivi che urlano in tv, conduttori che costruiscono a tavolino conflitti, reality show realizzati con lo scopo di far arrabbiare i partecipanti. È diventato difficile anche sopportare i rumori dei vicini. Tanto che spesso si prende la pistola e si spara contro di loro. E i media? Per attirare l'attenzione dei lettori amplificano certi particolari inquietanti. Ma cosa sta succedendo e, soprattutto, andrà sempre peggio? Forse sì, se non riusciremo a ridimensionare i problemi quotidiani e rivedere la scala dei nostri valori e se continueremo a vivere isolati.

E' un'emozione primaria (la rabbia) come la gioia e il dolore, che fa parte delle emozioni fondanti dell'essere umano e ci accompagna, in modo più o meno costante, nell'intero corso dell'esistenza. Può essere anche un segnale di allarme che ci avverte di una minaccia dall'esterno, ma anche che qualcosa in quel momento sta prendendo il sopravvento dentro di noi, nel nostro cervello. E' un'emozione che non ha una connotazione negativa. Può essere, infatti, un forte stimolo verso il raggiungimento di un traguardo. Può essere la spinta per agire e reagire nei confronti di circostanze per noi spiacevoli. Altre volte può essere la sensazione insopportabile di avere subito un'ingiustizia e in quel caso ci dà la carica per cercare di ottenere il rispetto degli altri e di noi stessi.

Se la usiamo per conquistare un traguardo, rafforzare una decisone, combattere un'ingiustizia, non ci nuocerà. Se è invece è solo un modo di reagire alla frustrazione, causando ripetute ferite mentali, agli altri e a noi stessi, sarà ovviamente dannosa.

Prendiamo i giovani e la nuova violenza che li riguarda. Nella società del passato era inimmaginabile che un giovane di quattordici anni se ne andasse di sera in giro per la città con un coltello in tasca, che facesse uso di alcol e droghe. Non c'erano i rave party, non c'erano discoteche che aprivano a mezzanotte. I quattordicenni erano bambini e stavano a scuola. A proposito della scuola: c'erano disciplina, meritocrazia, punizioni, regole, tutte cose sparite ed ecco che fiorisce il bullismo, la trasgressione. Non c'era Internet e quindi i ragazzi non potevano mettere le loro "bravate" filmate in rete, non potevano rendersi visibili come eroi negativi.

La televisione aveva bei programmi, edificanti, non esistevano veline e tronisti, non si proponevano ai giovani modelli irraggiungibili.

Prima non c'era la possibilità di ambire a tanti status symbol, a rapinare un compagno per avere il telefonino all'ultima moda. Il traffico era minore e quindi minore la "rabbia" da traffico. Le donne non abbandonavano i loro mariti (non c'era il divorzio) e non c'era quindi la furia omicida di certi uomini frustrati che ricorrono sempre più spesso allo stalking e alla furia omicida. E così via. Sì, è questa società che genera questa nuova rabbia.

Le donne una volta tenevano dentro tutta la propria rabbia con l'effetto di soffrire di diversi disturbi (colite, dermatiti ecc.) e di sentirsi di continuo frustrate e depresse. Oggi la donna riesce ad essere aggressiva, ma la sua diventa una scelta, visto che: la sua biologia non lo prevede, le manca la grande quantità di testosterone dell'uomo, l'ormone che porta all'aggressività. La scelta avviene purtroppo quando la donna deve farsi largo nel mondo del lavoro, quando ottiene il potere. Questa aggressività femminile è un peccato, non le si addice, spaventa. Sarebbe meglio che trovasse altri canali per sfogare la propria rabbia.

Lo scopo del lavoro è quello di guadagnarsi il tempo libero

Aristotele

CAMBIARE VITA E' ALLA NOSTRA PORTATA

Una breve storia: Luca è un importante dirigente di una multinazionale: ha uno stipendio favoloso e tutti i privilegi del mondo, però è stanco di dedicare al suo lavoro 14 ore al giorno, di passare la metà del suo tempo in viaggio, è stanco di riunioni inutili e di progetti frustrati.

Ogni volta che ci vediamo mi racconta qualche nuovo progetto di vita, nuove idee che gli passano per la testa che gli permetterebbero di poter cambiare la sua vita. Alcune sono idee veramente irrealizzabili, ma la maggior parte hanno un senso e, se solo se lo proponesse seriemente, sarebbe in grado di realizzarle. Invece, non appena ha finito di elencarmele trova sempre qualche scusa, un motivo che gli impediscono di realizzare i suoi progetti. Figli, mutuo, spese... c'è sempre qualcosa che gli impedisce di credere seriamente nella possibilità di cambiare vita. Forse è per questo che ogni suo discorso al riguardo inizia con "Ah, se vincessi alla lotteria..."

"Siamo responsabili della nostra vita. Il nostro comportamento è una risultante delle nostre decisioni, non delle nostre condizioni" (Stephen Covey)

Tutti prima o poi abbiamo sognato come cambierebbe la nostra vita se vincessimo alla lotteria. Ma alla lotteria non si vince quasi mai, e far dipendere i nostri progetti da questa possibilità vuol dire ingannarci da soli. Entrare in una ricevitoria ed osservare una "folla di gente" che nervosamente "gratta e rigratta" a testa bassa e china cartoncini a forma rettangolare e' uno degli spettacoli piu' tristi ai quali si puo' assistere negli ultimi anni. Cambiare vita non dipende dal caso, ma dalla nostra volontà. Dipende, soprattutto, da quanto seriamente lo vogliamo e da quanto, dopo esserci convinti di questo, siamo in grado di realizzare un buon progetto, affrontando questo processo con il rigore e il metodo necessari perchè ciò divenga realtà e non rimanga una mera fantasia.

Cambiare vita presuppone essere capaci di guardarsi dentro e di saper analizzare tutti quegli aspetti che ci generano insoddisfazione. Presuppone essere in grado di riordinare tutti i pezzi, per ricostruire un progetto di cui ci sentiamo responsabili, e con il quale desideraimo confrontarci.

Tutti abbiamo un sogno che vorremmo veder realizzato perchè ci farebbe particolarmente felici e che saprebbe dare un nuovo senso alla nostra vita. Identificarlo è fondamentale per poter iniziare il processo di cambiamento, e questo a volte ci risulta difficile, perchè siamo schiavi di paure, dubbi e responsabilità che offuscano il nostro giudizio e che ci impediscono di vedere questo sogno. Spesso ciò che desideriamo non è irraggiungibile, anzi si può presentare sotto forma di attività che eseguiamo solo sporadicamente, o complementare alla nostra professione, ma che mai penseremmo come opzione di un possibile cambiamento di vita.

Altre volte invece dobbiamo cercare nel nostro passato ciò che un tempo ci ha reso soddisfatto e felici.

In ogni caso non tutti i sogni che siamo in grado di identificare ci saranno utili. Questo perchè per poter cambiare vita i sogni devono essere realizzabili, e ciò significa che devoro soddisfare almeno tre criteri :

- in primo luogo deve essere un'attività che sappiamo fare bene (è molto più facile realizzarsi in qualcosa che già sappiamo affrontare piuttosto che cercare di ottenere una minima esperienza in qualcosa che non sappiamo fare)
- in secondo luogo deve essere qualcosa con cui ci possiamo mantenere (sono da evitare idee romantiche che non costituiscono un mezzo di sostentamento...) ebbene si, il chioschetto sulla spiaggia ed "esportare la piadina romagnola..., non danno un vero sostentamento economico...)
- in terzo luogo deve essere qualcosa che ci fa sentire felici e realizzati (fare qualcosa che ci piace è la miglior garanzia di riuscita).

Per realizzare i nostri sogni dobbiamo saper riorganizzare il nostro tempo. Spesso ci convinciamo di non aver abbastanza tempo per fare tutte le cose che vorremmo, ma in realtà ciò che accade è che utilizziamo male il nostro tempo. Dobbiamo imparare a dare la priorità a tutto ciò che permette ai nostri sogni di realizzarsi. Muoversi per priorità è il segreto per controllare il proprio tempo.

Dobbiamo smettere di perdere tempo in cose inutili e in impegni senza senso, e questo si impara solo iniziando a dire **_no_** a tutto ciò che non contribuisce a rendere possibile il nostro progetto. Certo dire _no_ non è mai facile, perchè a nessuno piace essere antipatico o deludere gli altri. Per questo, però paghiamo un prezzo molto alto, cioè non poterci occupare di ciò che veramente ci interessa, e non ci rendiamo conto che rinunciamo ai nostri progetti per compiti o impegni che non ci interessano.

Dobbiamo innanzitutto decidere ciò che ci serve per raggiungere la nostra nuova meta, e lasciar perdere tutto ciò di cui possiamo fare a meno. Siamo abituati a circondarci e cercare molte più cose di ciò che realmente ci servono: spesso cerchiamo negli oggetti che acquistiamo una forma di compensazione alla nostra infelicità ed insoddisfazione, che ci vengono dal lavoro, dallo stress e dalle tensioni. Altre volte la pressione esterna ci convince e ci fa credere che quelle sono le cose di cui abbiamo assolutamente bisogno. Senza dubbio nulla ci appare così bello e meraviglioso come qualcosa che non possediamo, ma non appena lo acquistiamo l'illusione svanisce, ci avete mai pensato?

Inoltre tutto ciò che si accumula nelle nostre vite porta con se lavoro e preoccupazioni nuove: ciò che compriamo va mantenuto, curato, riparato, protetto...quindi oltre a comperare oggetti inutili, che a suo tempo ci sembravano necessari, ne diventiamo schiavi.

Dobbiamo capire che cos'è che realmente necessitiamo per realizzare il nostro progetto: è meglio intraprendere un viaggio con ciò che ci può essere utile che non trovarci in difficoltà per aver scelto male che cosa portare. In questo modo eviteremo preoccupazioni e semplificheremo la nostra vita e saremo in grado di cercare la felicità dove realmente va cercata.

Quanto più siamo ossessionati dal nostro lavoro, tanto più ci concentriamo solo su noi stessi, trascurando le nostre relazioni e allontanandoci dalle persone. È paradossale vedere come siamo capaci di dedicare il nostro tempo ed i nostri sforzi a relazioni di lavoro, a scapito di quelle che invece rappresentano le più importanti, le fondamentali. Dobbiamo imparare a prenderci cura delle nostre relazioni interpersonali, dedicarvi tempo e lavoro, perchè sono queste relazioni le uniche che ci consentiranno di crescere e di svilupparci come persone. La costruzione e la cura delle relazioni è un investimento a lungo termine.

Dobbiamo capire chi sono le persone a cui siamo più legati, quali sono quelle persone che vorremmo come compagni di viaggio nella nostra nuova vita. Saranno quelle le persone che ci faranno stare bene e che sapremo far stare bene; quelle che ci sapranno aiutare e che noi sapremo aiutare. È ovviamente un lavoro di selezione, aprirci a troppe persone è la miglior garanzia di insuccesso, e lo sforzo che richiede mantenere rapporti di amicizia con troppa gente rischia di soffocarci.

Saper costruire e sapersi prendere cura di una relazione interpersonale significa essere capaci di abbandonare rancori, lasciar perdere risentimenti e attriti, e questo è necessario per poter creare lo spazio che ci serve per mantenere le relazioni che veramente ci sono care. Questo soprattutto perchè sentire rancore significa dare all'altra persona un grande potere verso di noi.

Saper vedere i lati positivi delle persone e lasciar perdere i difetti è un buon passo avanti, tutti abbiamo sia gli uni che gli altri, e saperli riconoscere negli altri ci aiuterà anche nella relazione con noi stessi.

"Quando vinci la tua paura conquisti la tua vita" (Robin S. Sharma)

La paura è il grande freno in qualsiasi progetto di cambiamento di vita. Ci sa sorprendere nel momento peggiore e nel modo peggiore, esponendoci in modo essenziale tutti i pericoli a cui ci esponiamo, facendo crollare ogni nostra decisione.

La paura ci fa perdere tantissime opportunità: per colpa della paura ci rinchiudiamo nel nostro circolo di sicurezza e rinunciamo ad esplorare nuove vie, nuove possibilità. Perdiamo la nostra vitalità e la nostra capacità di giudizio.

Dobbiamo saper guardare la paura negli occhi e non lasciare che ci condizioni la vita.

Non possiamo però (e non dobbiamo) eliminare la paura dalle nostre vite, perchè è la paura che ci fa stare in guardia, ma dobbiamo saper identificare i suoi segnali ed essere capaci di saperla fermare in tempo quando esagera. Dobbiamo lasciare che ci protegga, ma senza permetterle di annullarci.

Se controlliamo la nostra paura saremo capaci di esplorare nuovi orizzonti, provare a fare ciò che avremmo voluto da tempo, ma che non ci siamo mai azzardati ad affrontare, inizieremo così a liberare il nostro vero potenziale umano.

Controllare la paura renderà possibile il cambiamento

anonimo

CONSIGLI PER CAMBIARE VITA

Il fenomeno del downshifting, incluso nel più ampio concetto di simple living, vivere in semplicità, che sta contagiando anche il Belpaese e che a noi italiani piace tradurre con l'espressione "semplicità volontaria".

Una pratica non proprio recente. Negli anni Settanta filosofi come Jean Baudrillard (La società dei consumi, 1970) e André Gorz (Ecologia e politica, 1975) teorizzavano la necessità di décroissance, decrescita, che si basa sulla presa di coscienza dell'insostenibilità, a livello individuale e globale, di ritmi di sviluppo troppo veloci.

Oggi, come trent' anni fa, i partigiani della lentezza ritengono che si debba fare tutto il meglio possibile e non il più velocemente possibile.

Ma chi sono i sostenitori dell'andare lento? Soprattutto professionisti con un ottimo lavoro, laurea, specializzazioni varie. Che possono scegliere. Hanno questo privilegio. E lo fanno, optando per uno stile di vita a misura d'uomo, quasi"ecologico" .

Si tratta di persone che hanno deciso di rinunciare a maratone lavorative stressanti per avere più tempo libero da dedicare alla famiglia, ai propri hobby, agli amici. Uomini e donne che, di fronte ad una crisi economica mondiale, all'esaurimento delle ricchezze del pianeta e all'inaridimento della propria esistenza, cominciano a reimpostare il proprio stile di vita. A dargli un'impronta più "orientale", frugale, meno determinata dall'impulso, a volte maniacale, al consumo. E meno "connessa".

Il downshifter è colui che recupera la propria sfera emotiva, privandosi di chances di carriera, successo e denaro. E' colui che investe sul concetto di felicità, in attesa che scelte individuali diventino moda, capaci di trasformare la nostra società e la nostra rigida divisione del lavoro.

Beh, un esempio ad oner del vero ci viene dal fenomeno che, per errore, molti sociologi indicano col termine "mammi". In realtà sono dei padri che stanno recuperando la loro dimensione emotiva, negata per troppo tempo. Cosa fanno? Accorciano il proprio orario di lavoro per stare con i figli, al posto delle loro compagne.

Come prendersela slow?

Certo, un traguardo ambizioso, quello di rivedere le basi della propria vita. Non è per niente facile smettere di "gonfiare" di lavoro le giornate, dare più spazio alla sfera affettiva e recuperare una dimensione più 'eco-compatibile'. Ma si può tentare. E la parola d'ordine deve cominciare ad essere per tutti: lavorare meno, spendere meno, consumare meno, per avere più tempo per se stessi. Per oziare. E magari per essere più creativi. Ci si dovrebbe trasformare in artigiani che operano in modo lento, ma con cura e passione.

Stop allo shopping inutile, che spesso diventa una seconda professione, alla corsa che ci inganna, perché ci fa sentire vivi, in quanto produttivi. Bando ad ogni illusione. Poche cose per assaporarne meglio il piacere. Non a caso uno degli interessi dei downshifters è l'alimentazione. Abbasso i fast food e i surgelati. Meglio mangiare pietanze preparate con le proprie mani e in modo più genuino. Così ci si gratifica e si risparmia di piu. In questo senso sta aumentando il numero dei cosiddetti buongustai nell'era di Internet. Si tratta dei foodies che una ricerca della Negroni ha stimato in più di 4 milioni di italiani. Sono gli amanti del buon cibo che, curiosi di cogliere gli umori dei luoghi, vanno a fare la spesa in ogni angolo della Penisola. E cercano rarità. E' una nuova mania: non più viaggiare per comprare, ma approfittare del viaggio per riempire la dispensa di specialità locali.

Se risparmiare, vivere meglio e in modo più sano, rispettando se stessi e l'ambiente, sembra complicato, potremmo guardare alle donne cinesi e ad alcune sane abitudini che conservano ancora. Sì, proprio il gentil sesso di quella potenza economica che va veloce, ma senza avere fretta, può essere un buon modello.

Lì le donne non buttano l'acqua con cui fanno bollire il riso. La riutilizzano, anche perché ricca di amido, innaffiando le piante. I residui di saponetta che usano per farsi il bagno vengono amalgamati e trasformati in detergenti per i pavimenti. E poi, per umidificare gli ambienti in Cina le donne mettono il pane bagnato sui termosifoni. Un po' come si faceva da noi una ventina d'anni fa.

La slow economy, il capitalismo con la coscienza, a cui le potenze occidentali dovrebbero guardare, forse, con più attenzione. Non si tratta di tornare indietro ma, per esempio, di rivedere i nostri indicatori di ricchezza dei Paesi. Quando i Governi occidentali useranno il Fil, il tasso di felicità interna lorda, per misurare la crescita di un Paese? Il Bhutan lo ha introdotto da tempo.

Il **Bhutan*** (nome completo: Regno del Bhutan) è un piccolo stato montuoso dell'Asia (47.000 km², circa 650.000 abitanti stimati nel 2005, capitale Thimphu) localizzato nella catena himalayana. Confina a nord con la Cina e a sud con l'India. Il Bhutan è l'unico paese a professare come religione ufficiale la forma del buddhismo detta Mahayana. Il buddhismo ha giocato un ruolo fondamentale nella storia e nello sviluppo delle strutture sociali; tutt'ora riveste un importante ruolo sia per il grande peso del clero all'interno della società (fino a pochi decenni fa monopolista di fatto della cultura, in quanto unicamente nei monasteri era possibile ricevere l'istruzione) sia per l'importanza assegnata ai valori religiosi anche nell'azione politica.

*Fonte Wikipedia

Allora proviamo ad uscire dalla modalità fast-forward, riprendiamo fiato. E reimpostiamo la nostra vita su un altro registro. E nell'arte del vivere lento i brasiliani sono i maestri in assoluto.

Basta, quindi, con le agende fitte fino allo spasimo. Basta smanie irrefrenabili di carriera e stress da superlavoro. Basta sms scritti al volo risparmiando sulle vocali e sulla punteggiatura. E basta pure con le corse all'ultimo gadget tecnologico, o all'ennesimo paio di scarpe, tanto in Brasile"Havajanas" 24h per 365 giorni l'anno. Per poi tornare a casa e scoprire che lo shopping non dà la felicità.

Il termine slow, sinonimo di equilibrio, in Italia comincia a diffondersi dagli uffici al marketing, alle camere da letto, dalle fabbriche, fino alle gallerie d'arte. Si parla di Slow Food e Slow Research, Slow Management e persino Slow Sex.

La stessa associazione fondata da Carlo Petrini nell'86 a Bra, appunto Slow Food, è diventata tre anni dopo associazione internazionale. Oggi conta 100.000 iscritti. Ed è stata di grande impulso alla vita più sana.

Qui di seguito e' riportato un articolo apparso sul sito spagnolo www.univision.com a firma Maria Jesus Rivas. E' possibile trasformare la nostra vita? Dopo aver relegato i nostri sogni e desideri all'ultimo posto di una vita insoddisfacente e fatta di routine, è ancora possibile cercare di vivere bene, soddisfatti e felici? A quanto pare sì, seguendo alcune semplici tecniche.

Il momento di dire basta

Isabel, medico endocrinoglogo di 43 anni ha lasciato il suo ospedale per diventare monaca di clausura; Kim professore di liceo decise di sottoposi all'operazione che l'avrebbe reso donna; a 47 anni Miguel scelse di abbandonare la sua carriera di chef in un rinomato ristorante per dedicarsi alla ristrutturazione di abitazioni di piccoli villaggi spagnoli; Clara era giudice e oggi oltre ad insegnare danza classica è ballerina. Era arrivato per loro il momento di dire "Basta" e decidere di iniziare da zero una vita nuova. Non era abbastanza "ritoccare" un po' la vita di tutti i giorni, renderla più accettabile, era necessario un cambio radicale, certo pensato e ben valutato, che avrebbe cambiato totalmente il loro modo di vivere. Ma cercavano la felicità, e così facendo l'hanno trovata. Alcuni cambiano sesso, paese, cultura, religione, altri modificano la propria professione o l'attività, ma una cosa è comune a tutti : lo stupore, l'incredulità e la sorpresa di chi è loro vicino. Il cambiamento è una decisione difficile da prendere – dicono gli esperti – ma una volta presa i primi a sorprendersi sono proprio i protagonisti, coloro che hanno scelto di cambiare. Un cambio totale di vita, lasciando tutto? Tutti prima o poi ci pensiamo, quando siamo oppressi dalla routine e dallo stress. I casi reali di Isabel, Miguel, Kim e Clara ci dimostrano però che si può cancellare tutto, cambiare radicalmente, crearsi una nuova vita. Prima di tutto però è necessario e fondamentale conoscersi molto bene. Sebbene il più delle volte non sia necessario un cambiamento radicale per migliorare la vita di tutti i giorni, ma sia sufficiente introdurre delle piccole accortezze, gli studiosi hanno scoperto recentemente che la voglia di lasciare tutto e ricominciare da zero avviene in coincidenza della cosiddetta "crisi di mezza età", cioè nel momento in cui ci si ferma a fare un bilancio di come si è vissuto e di cosa si è realizzato. Il cambiamento radicale è un passo difficile da compiere a qualsiasi età e spesso la routine e i legami affettivi fungono da paravento. L'inerzia, gli obblighi familiari, l'illusione della sicurezza e la precarietà di un posto di lavoro sono ostacoli posti lungo il cammino verso il cambiamento, per non parlare della paura e dell'ansia che inplica una decisione così radicale. Nonostante tutto però – dicono gli esperti - si può scegliere di cambiare il proprio destino, lasciandosi alle spalle l'insoddisfazione e il malessere, dopo aver riflettuto attentamente e profondamente e seguendo gli adeguati iter. Sempre più persone si sentono vittime di uno stile di vita inerte, noioso e sentono di aver perso il controllo della propria vita, del proprio destino. Quando questo malessere è marcato le persone si sentono intrappolate in una realtà che non si sono scelte, e desiderano cambiare, cercando di crearsi una vita che rispecchi di più i loro sogni e desideri.

Prima di tutto si devono analizzare, riconoscere e ricondurre alle cause prime, gli atteggiamenti che si mantengono in caso di successo o insuccesso, poiché è in queste eventuali insicurezze, timori o comportamenti accomodanti che si devono effettuare i principali cambiamenti. Cambiare la forma senza cambiare la sostanza conduce solo e sempre alle stesse conclusioni. Se si aspira ad un cambiamento che apporti una vita gratificante si può cadere nell'errore, molto comune, di idealizzare il proprio futuro immaginando un paradiso fantastico e perdendo di vista la realtà. Più il progetto di cambiamento si allontana dalle nostre reali, oggettive possibilità, più sarà vicina la delusione. Vivere in campagna, cambiare lavoro, trasferirsi in Brasile sono cambiamenti possibili solo se si è in grado di riconoscersi nei propri progetti, altrmenti si rischia di cadere nelle trappola di un falso cambiamento. Spesso chi è annoiato dalla propria vita si crea l'idea di scomparire, di lasciare tutto per ricominciare tutto daccapo, come quelle persone che decidono di abbandonare il lavoro in città per trasferirsi in un piccolo paese. È una fuga, e quando si fugge da un conflitto questo si ripresenterà di nuovo : è sempre meglio riconoscerlo, affrontarlo e poi decidere se cambiare vita radicalmente è ancora ciò che si desidera.

Un altro errore comune è quello di cercare di cambiare tutto facendo in modo che nulla cambi. E' il caso di chi cambia lavoro per delle aspettative : trovarsi in un posto più piacevole, avere più tempo libero, dedicarsi a qualcosa di più incentivante. In realtà il malessere che genera questi pensieri non ha origine nel campo lavorativo, ma in se stessi per poi tradursi in una serie di abitudini che si vanno a sommare alla routine quotidiana. Il passo da cui partire prima di affrontare qualunque cambiamento consiste in un viaggio interiore, scoprirsi, re-incontrare la propria identità, la propria natura profonda. Secondo gli psicologi "se dopo aver analizzato a fondo questa decisione si crede che la distanza tra il desiderio e la possibilità reale della sua realizzazione sia enorme, allora si è pronti ad affrontare il cambiamento e tutte le sue conseguenze. Un cambiamento di successo non è una distruzione, ma un'evoluzione che salva il salvabile e migliora il migliorabile". Per questo conviene sempre progettare una meta precisa, realizzare un piano per ottenerla, essere realisti, creativi e flessibili, senza improvvisare. Non bisogna nemmeno auto ingannarsi e accontentarsi di spostare il proprio malessere da un punto geografico ad un altro.

Per darsi una seconda opportunità (dal cambiare lavoro a fare il giro del mondo, iscriversi all'università o dedicarsi ad opere umanitarie) si suggeriscono sei punti base che ci possono aiutare a rendere la vita più soddisfacente. Prima di tutto si deve riuscire a distinguere tra un malessere esistenziale ed una inquietudine momentanea. Se la differenza tra le proprie aspirazioni e la realtà è notevole varrebbe la pena analizzare la propria esistenza e ripianificare ciò che ci scontenta. A volte l'infelicità è data dal fatto di essere poco obiettivi o dal non vedere con chiarezza ciò che ci piacerebbe fare o essere, quindi è necessario riflettere, spezzare l'inerzia ed attuare con decisione i giusti cambiamenti. Spesso questa semplice riflessione evita azzardi e delusioni. Se comunque la decisione di cambiare radicalmente vita rimane, lo si deve pianificare bene. Ci si deve concedere tempo per conoscersi bene e capire ciò che realmente si vuole, soppesare e maturare bene il desiderio di cambiare. L'ansia può essere uno stimolo, ma può anche bloccare la capacità di pensare razionalmente. Si devono analizzare a fondo le proprie risorse (economiche ma anche e soprattutto di adattabilità, e creatività) per essere sicuri di poter affrontare bene qualunque difficoltà. Il progetto va poi pianificato : deve essere realista, sensato e in accordo alle proprie possibilità. Si devono affrontare i propri limiti per non ricadere negli errori già commessi. Si devono raccogliere le informazioni necessarie e possibili che aiutino alla realizzazione del progetto evitando che si trasformi in una fantasia. Parlare il più possibile con amici e familiari aiuta molto : esporre le aspettative, i risultati che si vogliono ottenere, i progetti. Questo continuo parlarne farà sì che il progetto di cambiamento acquisti sempre più forza e realtà e ci permette di evidenziare eventuali errori, considerazioni o possibilità non ancora affrontate. Il fatto che molti cerchino di dissuadere chi vuole lasciare tutto creerà la necessità di avere un progetto solido ed argomentazioni valide. Cambiare vita non è una scelta priva di rischi. Lasciatevi la possibilità di tornare. Calcolare i rischi e accettare la possibilità di sbagliarsi deve essere una condizione indispensabile per poter imparare dai propri errori, migliorando i progetti alternativi del futuro. Si passa quindi dalla teoria alla pratica: armati di pazienza e perseveranza, senza lasciarsi guidare troppo da impulsi e improvvisazioni e considerando attentamente ciò che si è appreso finora, sapendosi sempre ben adattare e sapendo superare crisi e modifiche dei propri progetti, si sarà pronti ad affrontare un cambiamento radicale con tutte ciò che questo comporta.

COME SALVARE I PROPRI RISPARMI IN EURO E GUADAGNARE IN BRASILE

Innanzitutto investire in Brasile significa automaticamente guadagnare più della media degli investimenti nella vecchia Europa.

Forse investendo in India o in Cina si potrebbe guadagnare di più ma visto che prima o poi potrebbe essere necessario viaggiare verso questi paesi, nel caso di investimenti immobiliari o industriali, preferiamo di gran lunga il Brasile alla Cina o all'India.

Un interessante commento del notiziario economico Bloomberg sull'aumento della SELIC di ben 0,75 punti percentuali, dall' 8,75 al 9,5%, oltre a sottolineare che il Brasile è la prima delle nazioni sudamericane, nonchè la terza tra le 20 Nazioni più ricche, ad aumentare il tasso di interesse dopo la crisi finanziaria, l'articolo sottolinea che questo aumento sarà il primo di quattro o forse cinque o sei che la Banca Centrale deciderà nei prossimi mesi.

Il totale previsto è di +4 punti percentuali tra quest'anno ed il prossimo, ovvero un complessivo 12,75%.

Questo per riportare l'inflazione entro i paramentri, ovvero intorno al 4,5%.

Per coloro che vogliono guadagnare in Brasile si conferma quanto detto nei precedenti capitoli su come crearsi una rendita finanziaria.

Se avete ancora qualche risparmio in euro non perdete altro tempo. Trasferite tutto in R$ ed investite in immobili e fondi legati all'indice DI.

Il real si valorizzerà ancora rispetto all'euro e la moneta unica a causa della crisi dei Paesi dell'unione è obiettivo di feroci speculazioni al ribasso. Pertanto non ci sono segnali positivi a breve per l'euro: solo forti segnali negativi.

Attenzione a quello che sta accadendo in Grecia e resto d'Europa, non credete a facili soluzioni del problema.

La Banca Centrale del Brasile è diventata la prima in America Latina ad aumentare gli oneri finanziari in più di un anno, portando il suo tasso d'interesse più in alto rispetto le previsioni della maggior parte degli analisti senza segnalare il ritmo dei futuri aumenti. In un voto unanime, il consiglio di banca ha aumentato il tasso Selic al 9,5 per cento da un record di 8,75 per cento. I responsabili politici, in un comunicato di una sola frase che accompagna la loro decisione, hanno detto che l'aumento dà continuità al processo di adeguamento delle condizioni monetarie per le prospettive economiche, in modo da assicurare la convergenza dell'inflazione alla traiettoria di destinazione.

Le prospettive del tasso di interesse "dipendeno da come le aspettative di inflazione si comportano," Pedro Paulo Silveira, economista capo presso "Graduale Corretora", ha detto in un' intervista telefonica da Sao Paulo. "La banca centrale alzerà i tassi per almeno quattro riunioni, ma potrebbe essere anche per cinque o sei."

La banca ha agito con le previsioni che la più grande economia dell'America Latina può espandersi quest'anno al ritmo più veloce che negli ultimi due decenni interi, spingendo gli aumenti dei prezzi al consumo con l'obiettivo del governo del 4,5 per cento.

GUADAGNARE UNA RENDITA FINANZIARIA IN BRASILE

Nel precedente capitolo abbiamo mostrato come, investendo circa 250.000 euro sia possibile acquistare un villa, una utilitaria ed investire il rimanente in titoli bancari allo scopo di costruirsi una rendita di R$3000 al mese (circa 1310 euro) sufficiente a vivere in una città del nordeste del Brasile.

In questo capitolo intendiamo rispondere alle molte domande che ci sono pervenute e che riguardano principalmente l'ultimo aspetto, quello dell'investimento bancario.

Molti ci chiedono in che consista esattamente questo investimento, se sono sicuri e se sono richiesti particolari requisiti per effettuarlo.

Iniziamo ricordando che l'investimento essendo in valuta locale può essere fatto se e solo se si possiede un conto corrente in Brasile. Questo è ottenibile facilmente se si possiede il visto permanente mentre risulta diffficoltoso, ma non impossibile, se non si possiede tale visto.

In Brasile tutte le banche offrono certificati di credito (CDB) o fondi legati al costo del denaro (SELIC) oggi all' 8.75 %. Solitamente il rendimento lordo è intorno al 95% di tale indice oltre alla tassazione del 15%. In definitiva un 7,5 % netto. Fino a pochi anni fa la SELIC era oltre il 20% poi si è gradualmente ridotta sino al valore attuale. Entro la fine di Maggio 2010 è prevista una risalita dei tassi che dovrebbero assestarsi sul 11.25 % entro fine 2010 ovvero un 10% netto.

I prodotti finanziari associati a tale indice sono fondamentalmente tre : CDB, Libretto di Risparmio (Caderneta de Poupanca) e Fondi di Investimento.

I CDB sono veri e propri certificati di credito emessi dalla banca, possono avere interesse pre o post fissato. Se l'investitore ritiene che i tassi di interesse scenderanno in futuro (è il caso attuale) ha senso investire su CDB prefissati in quanto essendo il tasso fisso non risentiranno della prevista riduzione. Se, al contrario, si prevede un rialzo conviene investire in titoli postfissati che avendo tasso variabile si avvantaggeranno dell'aumento degli stessi. Insomma il contrario di un mutuo.

La garanzia di un CDB dipende dalla credibilità e dalla solidità della Banca oltre ad essere garantiti dal Fondo di Garanzia del Credito (FGC) fino all'importo di R$60 000 per Codice fiscale / CPF.

La tassazione sul rendimento dei CDB segue la seguente tabella:

- Entro 180 gg 22,5%
- Da 181 a 360 gg 20%
- Da 361 a 720 gg 17,5%
- Oltre i 720 gg 15%

Allo scopo di evitare speculazioni sul breve periodo esiste una ulteriore tassazione decrescente (IOF) per chi decidesse di ritirare l'investimento entro i primi 30gg.

A partire 31° giorno tale tassazione è zero e restano le sole aliquote pubblicate nella tabella in alto. Non ci sono commissioni di gestione da pagare .

Banche credibili e solide in Brasile sono il BANCO DO BRASIL, BRADESCO, ITAU'/UNIBANCO, ABN AMRO REAL (GRUPPO SANTANDER), etc...

Il **libretto di risparmio o Poupanca**, è remunerato secondo un indice TR (Tassa di Riferimento) aumentato di un tasso mensile pubblicato dalla Banca. E' esente da tassazione. E' la soluzione preferita dai piccoli risparmiatori per la sua semplicità. Ha la stessa garanzia del CDB ed il suo rendimento è mediamente inferiore ai CDB.

I **Fondi di Investimento**, sono strumenti finanziari che consentono di investire su di un paniere di titoli azionari e obbligazionari nelle più diverse proporzioni gestito da esperti analisti della stessa Banca. I Fondi cui facciamo riferimento in particolare sono quelli agganciati al cosiddetto indice DI che è appunto legato alla SELIC.

La tassazione dei fondi è più articolata di quella dei CDB. In particolare i Fondi sono suddivisi in:

- Fondi a breve termine tassati al 22,5% entro i 180 gg e al 20% oltre i 180 gg.
- Fondi a lungo termine tassati come i CDB
- Fondi azionari tassati al 15%

I Fondi DI sono generalmente trattati come fondi a lungo termine. A differenza dei CDB che sono tassati solo al momento del riscatto, i

Fondi a breve e lungo termine sono tassati ogni sei mesi e al momento del riscatto.

I Fondi azionari al contrario sono tassati solo al momento del riscatto indipendentemente dal tempo che restano applicati ed inoltre non pagano IOF qualora il riscatto avvenga entro i primi 30 gg.

A differenza del CDB, inoltre i Fondi presentano delle commissioni di gestione variabili con il tipo di investimento. Le commissioni, ad esempio, possono andare dallo 0,8% al 5,5% nel caso del BANCO DO BRASIL in funzione soprattutto dell'importo investito. Più si investe, più la commissione si riduce. Infine i Fondi non godono di alcun tipo di garanzia da parte della Banca nè tantomeno del Fondo di Garanzia del Credito.

Questo libro è dedicato a tutti coloro che sognano di trasferirsi in Brasile e che non sanno da dove incominciare nè se la cosa è fattibile.

Supponiamo per il momento che abbiate già risolto il problema del visto altrimenti la vostra permanenza sul territorio brasiliano si ridurrà ad un massimo di 6 mesi all'anno. Avere il visto permanente vi faciliterà il compito di ottenere l'apertura di un conto bancario brasiliano in caso contrario questa operazione può rivelarsi difficile se non impossibile.

Premettiamo che per vivere di rendita sia in Brasile che in qualsiasi altro posto è necessaria un controllo dei costi indipendentemente dalla somma mensile a disposizione. Se avete disciplina potranno bastarvi 30 euro al giorno se non l'avete non ve ne basteranno 300.

Divideremo pertanto questa guida in due parti, nella prima analizzeremo come vivere di rendita ovvero come spendere razionalmente una certa somma mensile generata da un investimento mobiliare o immobiliare e nella seconda come generare una rendita finanziaria in Brasile.

Chi vive di rendita conosce generalmente con grande precisione le sue entrate e pertanto ha solo bisogno di disciplina e di un semplice strumento per bilanciare le uscite con le entrate.

Questo strumento è un semplice foglio di calcolo tipo Excel. Dividete il foglio in quattordici colonne. La prima conterrà le voci di spesa, le successive 12 i valori delle spese suddivise per mese e l'ultima i totali annuali. La stessa cosa può evidentemente essere fatta con carta e matita ma perderete i vantaggi della semplicità di correzione e la possibilità di introdurre delle formule (ad asempio per calcolare i totali a fine anno).

Un esempio di voci di spesa: mutuo, condominio, gas, acqua, energia elettrica, telefono fisso, cellulare, internet, tasse, carburante, manutenzione, abbigliamento, arredamento, regali, svago (libri , DVD , motel...), igiene personale, pulizia casa, alimentazione, ristoranti, viaggi, salute, varie etc...

La parte difficile, ma necessaria, consiste nell'annotare quotidianamente sulla propria agenda le spese sostenute e riportarle a fine mese sul foglio elettronico.

In capo a pochi mesi ci saremo fatti una idea della nostra spesa mensile media. A questo punto, estrapolando sull'anno, avremo la previsione delle nostre necessità finanziarie. In pratica di quale rendita abbiamo bisogno per equilibrare le uscite.

Se la rendita è già nota si tratterà di limare le prossime spese allo scopo di farle rientrare nel budget.

Nel caso del Brasile, ammesso di essere una coppia già proprietaria di un piccolo appartamento avrete bisogno di circa R$3000 per vivere ovvero 1310 euro circa.

Per ottenere una rendita di R$3000 al mese ovvero R$36.000 all'anno, investendo in una applicazione finanziaria sicura abbiamo bisogno di almeno R$450.000 investiti all' 8% netto.

Pertanto con i soldi ricavati, ad esempio, dalla vendita di un appartamento in Italia ovvero circa 250.000 euro pari a circa R$575.000 possiamo: trasferirci in Brasile, acquistare un appartamento ammobiliato da R$150.000 ed investire R$425.000 in buoni del tesoro o equivalente.

Naturalmente questi sono valori medi. Per qualcuno R$3000 potrebbero essere pochi e pertanto dovrà bilanciare il suo investimento collocando, ad esempio, un 15% su di un fondo azionario. Questa quota potrebbe anche arrivare al 30% se il periodo è propizio.

GUADAGNARE PUNTANDO SUL REAL BRASILIANO

L'economia del Brasile è tra le emergenti una di quelle con maggiori prospettive di crescita. L'agenzia di consulenza britannica EIU (Economist Intelligence Unit) nella sua classifica delle migliori economie mondiali ha messo proprio il paese carioca all'ottavo posto davanti a Spagna, Canada, India e Russia. La forza della crescita dell'economia di Rio si riscontra anche nella effervescenza della Borsa mobiliare. Il mercato azionario è quasi tornato a ridosso dei massimi toccati nel 2008 prima dello scoppio della crisi finanziaria globale e la stessa moneta, il real, è sui massimi degli ultimi otto anni contro dollaro e soprattutto, contro l'euro.

Alla luce di queste premesse, e con le prospettive di crescita dell'economia brasiliana, la scommessa su un ulteriore apprezzamento della valuta carioca contro la moneta europea per i prossimi mesi può essere vincente. Il problema è che può essere un po' complicato per un piccolo risparmiatore riuscire ad investire sul real brasiliano. Una soluzione la offre Deutsche Bank grazie all'Express Riverse (codice identificativo Isin: DE000DB7LPB1), un certificato che permette di puntare sul rafforzamento della divisa brasiliana contro l'euro.

Questo nuovo certificato è stato emesso a fine Maggio 2010, punta sul tasso di cambio euro-real brasiliano, ossia chi lo acquista guadagna con un apprezzamento della divisa carioca contro la moneta unica. Il certificato, che scade il 30 aprile 2012, offre una cedola pari al 5% per ogni semestre trascorso dalla data di emissione, ma a condizione, che il real nelle date del 1 novembre 2010, 1 maggio 2011 e 30 aprile 2012 non sia sceso contro l'euro sotto un certo livello di prezzo (strike), che sarà determinato il prossimo-29-Aprile-2010.

E' garantito il rimborso del capitale a scadenza a patto che resti inviolata, alla data di valutazione finale, la barriera che verrà fissata al 155% dello strike. Se il real a quella data sarà svalutato oltre il 55% rispetto ai valori determinati il 29 aprile, il capitale restituito non saranno più i 100 euro nominali, necessari per acquistare un certificato, ma l'investimento diventerà equiparabile all'acquisto diretto della valuta brasiliana

CITTA' DEL BRASILE

Indipendentemente dal fatto che questa sia la tua prima visita in Brasile o la tua centesima visita, il fatto è che il Brasile offre così tante da fare e da vedere per un turista che non vi è né un miglior periodo né un luogo migliore rispetto ad un altro! Così, per cercare di aiutare a pianificare la tua vacanza in Brasile, qui di seguito le destinazioni top in Brasile (senza nessun particolare ordine di preferenza):

PARCO NAZIONALE DELL' AMAZZONIA

Estendendosi per ben 7 stati su totali 27 stati del Brasile, "L'Inferno verde", copre quasi il 40 per cento del territorio del Brasile. Anche se la foresta Amazzonica si estende anche nei paesi confinanti (in particolare in Bolivia, Colombia, Guyana e Perù), è in Brasile che la maggior parte dei turisti si concentra per stupirsi davanti a questa meraviglia naturale. Fra le attività da fare in Amazzonia ci sono "bird watching", trekking/escursionismo, arrampicata, rafting etc... Senza dubbio, un tour in Brasile è incompleto senza una visita in Amazzonia.

LE CASCATE DI IGUASSU'

Sono descritte come una delle 7 meraviglie naturali del mondo. Sul fiume Paranà, le cascate fungono da confine naturale fra i paesi di Brasile, Argentina e Paraguay e compongono un totale di 275 cascate. Il periodo migliore per vedere le cascate di "Iguacù" è tra Ottobre e Dicembre e si consiglia vivamente di soggiornare almeno una notte qui prima di passare alla Vostra prossima destinazione!

RIO DE JANEIRO

La parola "esotica" racchiude l'essenza di Rio, la seconda città più popolosa del Brasile (dopo San Paolo)! Ma Rio è anche caotica, sofisticata, aperta, cordiale, vivace e rilassata. Ci sono queste caratteristiche letteralmente tutte "arrotolate" in una! La maggior parte delle persone abbina Rio al sole, al mare e al surf. Anche se Rio è tutto questo, è anche molto di più.

Se siete alla ricerca di una combinazione di spiagge, sport, sole, parchi e giardini esotici, con una vista sulle montagne spettacolare, un po' di danza e di ottimi cocktail, Rio è per voi. Rio de Janeiro ha una maestosa bellezza, fra una stupenda baia con spiagge abbaglianti e una catena montuosa coperta da vegetazione tropicale.

Con l'istituzione di Brasilia nel 1960, Rio ha cessato di essere la capitale del Brasile, ma è ancora una grande capitale culturale, con numerosi musei che ospitano una vasta gamma di arte e di informazioni sulla vita e la cultura brasiliana. La città è una delle più densamente popolate della terra, con 6 milioni di abitanti.

Rio ama il sole e le sue famose spiagge sono libere a tutti, con il surf come passatempo popolare. La leggendaria spiaggia di Copacabana è vivace, piena di gente intenta a giocare a beach volley con il samba in sottofondo. Il lungomare è pieno di stand dove bere qualsiasi tipo di frullato tropicale con l'immancabile acqua di cocco e di venditori ambulanti che propongono tutti gli articoli necessari per sfruttare al meglio la spiaggia.

Un'altra spiaggia, Ipanema, è nota per essere giovane e alla moda, con numerose boutique ed è la meta della classe ricca di Rio.

Dal lato culturale il Museo di Storia Nazionale di Rio come altri numerosi musei e centri culturali finanziati da privati sono pieni di capolavori e di storia meravigliosa. Solo il Museo di Storia

Nazionale vanta una collezione di 30.000 pezzi, compresi i gioielli in avorio una volta di proprietà della famiglia imperiale. Al Monastero di São Bento, è possibile ammirare all'interno magnifici candelabri d'argento e dipinti del soffitto dedicato alla Vergine. Il convento Francescano è rivestito in legno dorato, con soffitti dipinti raffiguranti la glorificazione di San Francesco.

Ci vorrebbe un giorno intero per vedere tutte le grandi chiese. Una delle più importanti è la cattedrale barocca di "Nossa Senhora de Igreja da Gloria" che domina la città, nota per la sua grande cupola.

Uno dei siti più emozionanti è il "Corcovado", una montagna con una parete di granito a picco sormontata dal "Cristo Redentor" (Cristo Redentore), statua di oltre 100 metri che abbraccia e protegge tutta Rio. È possibile raggiungerne la cima su un treno a cremagliera godendo di una vista sulla spiaggia straordinaria.

Il secondo picco più famoso e' il "Pan di Zucchero", il quale è altrettanto impressionante e regala una prospettiva diversa della città. Il "Pan di Zucchero", è costituito da una lastra di granito, all'ingresso della baia di Guanabara. Dalla cima di 1.295 metri, è possibile vedere tutta la città insieme alle spiagge e l'Oceano Atlantico. Per salire in cima si utilizza una funivia che ha una lunghezza di 4.265 metri. I tramonti visti dalla cima sono favolosi.

La vita festosa della città raggiunge il culmine durante l'annuale Carnevale, di cui beneficia l'intera città per tre giorni. Musica, feste, balli, parate per strada, ballerini in costumi ricercati e brillanti.

E' sempre tempo di Carnevale e samba a Rio! Il Carnevale è il periodo migliore per visitare la città, da tenere presente che la città risulta ancora maggiormente affollata però. Il Carnevale si svolge a Febbraio o Marzo, a seconda della data di Pasqua di ogni anno. E' meglio arrivare un po' presto per godere di tutte le attrazioni. E, soprattutto, prenotare l'albergo almeno con un anno di anticipo.

Prestate particolare attenzione alle spiagge e di notte. Lasciate il Vostro passaporto, i gioielli, e la maggior parte dei contanti al vostro hotel.

PANTANAL

Considerata una delle riserve naturali più grandi del mondo, ogni visita al Pantanal deve essere attentamente pianificata in quanto l'area non è ideale per il turista – ci sono infatti poche infrastrutture esistenti. Tuttavia, non lasciate che questo Vi impedisca di visitare il Pantanal perchè è davvero un posto splendido. I pescatori soprattutto sono attratti da Pantanal in quanto è uno dei migliori luoghi per la pesca in Sud America. Ma è anche il bird-watching ad attirare la maggior parte dei visitatori.

SALVADOR

Salvador, che un tempo era la capitale del Brasile Coloniale, è situata nella "Baia di Tutti i Santi". I visitatori di questa meravigliosa città possono divertirsi camminando per le stradine in pietra che sono rimaste le stesse di quando la città era il centro di smistamento degli schiavi in Brasile provenienti dall' Africa.

Da non perdere a Salvador una visita alla "Igreja de Sao Francisco". L'interno della chiesa, è rivestita con foglie d'oro. Poco distante dalla chiesa c'è il Farol de Barra, un faro fortificato del 16° secolo che si affaccia sulla seconda baia più grande del Brasile.

La città di Salvador, capitale del Brasile coloniale per quasi due secoli, è oggi una città di 2 milioni di persone. La cultura nera africana, originata dagli ex schiavi, si riflette fortemente nella cultura della città. In effetti, il 70 per cento della popolazione della città è afro-brasiliana. La città fu costruita su due livelli distinti, con la parte residenziale in collina e quella commerciale in pianura, oggi è ancora divisa fra la parte superiore ed inferiore, con un ascensore per portarvi da una all'altra. Le spiagge di Salvador sono state fonte di ispirazione per scrittori e musicisti. Esse forniscono sedie e ombrelloni e i chioschi vendono una gamma di prodotti alimentari e di bíbite allettanti. Molte spiagge sono illuminate di notte e i bar e ristoranti sono famosi per le folli serate. Forse si vorrà fare dello shopping al Gran Mercado Modelo come anche visitare i numerosi musei. Oppure, è possibile avventurarsi al Forte di Santo Antonio che si trova sulla punta della penisola, e fare un giro al faro e al museo nautico e perchè no godere anche della vicina spiaggia.

La scelta "hoteliera" a Salvador è molto ampia e spazia da eleganti e lussuosi grattacieli ad appartamenti a conduzione familiare.

Il periodo migliore per visitare la città è tra Novembre e Aprile e il mese di Luglio (quando le scuole sono chiuse).

E' meglio non andare in giro di notte in zone non centrali, soprattutto se si è da soli e, ovviamente, lasciate gioielli, orologi e gran parte del denaro nell'hotel.

SAO PAULO

C'è una parola che riassume Sao Paulo "GRANDE"! La città non è solo la più popolosa in tutto il Brasile, ma è anche il centro commerciale del Brasile, con alcuni dei più grandi grattacieli del paese. Tuttavia, i visitatori a Sao Paulo non devono pensare che Sao Paulo sia solo tutto lavoro e niente divertimento, infatti una volta che il sole tramonta a Sao Paulo si accende la movida con alcuni dei pub e locali più alla moda di tutto il Brasile; alcuni sostengono che a Sao Paulo i club siano più in sintonia con gli stili occidentali più moderni rispetto a quelli di Rio!

Sao Paulo è uno dei gioielli più splendidi del Brasile. Questo gioiello è una città radiosa, che convive con la cultura e l'industria. Sao Paulo (San Paolo) è una amalgama di varie culture che modellano il volto di questa moderna metropoli brasiliana.

La città di San Paolo, pur essendo così popolosa oggi, è rimasta per centinaia di anni una piccola città coloniale, sono evidenti le reliquie della città vecchia che possono ancora essere trovate in tutta Sao Paulo.

Oggi con 32 centri commerciali, centinaia di negozi e decine di strade a quattro corsie costantemente trafficate, la città è anche orgogliosa di essere la casa di 2 dei 15 zoo più famosi al mondo, così come anche di un gran numero di parchi e di un magnifico giardino botanico.

Sao Paulo racchiude il meglio dei due mondi, con praticamente tutto ciò che si può desiderare trovare in una grande città, così come anche alcune cose che non ci si aspetterebbe. Un fatto notevole è l'elevata concentrazione di immigrati, dando a questa metropoli cosmopolita tanti visi diversi. Oltre 1 milione di giapponesi che vivono qui danno a questa città il primato di essere la più grande città giapponese fuori dal Giappone. Liberdade è il nome del quartiere dove si trova questo centro di cultura giapponese, è un centro della comunità asiatica, impreziosita da giardini pittoreschi e negozi esotici. Non dimentichiamo anche che il 40% dei "Paulistani" è di origine italiana.

Per aumentare la ricchezza culturale di San Paolo, i musei qui hanno una le migliori mostre permanenti di arte latino-americana e di architettura di tutto il continente sudamericano. Il profilo contemporaneo di una mezza dozzina di edifici di The Latin American Memorial Complex è piena di arte latino-americana. Questo complesso è facilmente accessibile con la metropolitana che è pulita e moderna, una delle migliori al mondo.

Da non perdere l'arredamento risalente al periodo imperiale del Brasile presso l'Imperial Ipiranga Museum (Museu Paulista). Con così tante risorse e servizi moderni, questa città è una delizia da vivere e da esplorare. I larghi viali di Avenida Paulista, la via principale di San Paolo, sono un ottimo punto per iniziare ad esplorare la città passeggiando.

Sao Paulo è un affascinante contrapposizione di vecchio e nuovo, qui potete trovare lo splendore dell'era coloniale immersa nei comfort moderni. Sao Paulo è una città tutta da scoprire, pulita, luminosa ed emozionante, questa città rivoluzionerà completamente le Vostra idea del Brasile.

BRASILIA

Brasilia è stata costruita dagli architetti più importanti del paese, Oscar Niemeyer e Lucio Costa, nel 1950 in sostituzione di Rio come città capitale del Brasile. Questo, tuttavia, non significa che la progettazione della città sia stata ben ponderata. Per essere onesti, Brasilia è stata intesa come la capitale amministrativa del Brasile, una funzione che ricopre anche in questi giorni. Tuttavia, gli architetti della città non avevano preso in considerazione le imprese private di costruzione esistenti a Brasilia. Di conseguenza tutte le buone intenzioni degli architetti si persero e la città oggi è poco più che un pasticcio tentacolare di edifici con design moderno. Tutto sommato quindi, Brasilia sicuramente merita una visita se si ha tanto tempo, ma se il vostro tempo è limitato, e' meglio dedicarsi ad altri luoghi!

MANAUS

Situata nel cuore del bacino amazzonico, Manaus è una destinazione popolare per i turisti in cerca di escursioni nel cuore esotico del Rio delle Amazzoni.

Manaus offe due grandi attrazioni per i suoi turisti. La prima è ovviamente la possibilità di viaggiare nel bacino amazzonico, la seconda è la possibilità di vedere alcune delle più grandi navi d'alto mare del mondo entrare nel porto fino ad un migliaio di chilometri verso l'interno, dove caricano e scaricano i loro prodotti.

RECIFE

Situata sulla Costa d'Oro del Brasile (Brasile nord-orientale), Recife è una famosa destinazione turistica. Recife è nota anche per il numero di canali e ponti che attraversano questa città, per questo definita anche la "Venezia del Brasile". La città ha anche un certo numero di musei e chiese. Tuttavia, nessuna visita a Recife è completa senza una visita al vecchio carcere della città, per rendere la vostra visita ancor più interessante, ora il complesso si è dotato anche di un centro commerciale.

Recife è la capitale dello stato di Pernambuco ed è considerata una delle città portuali più importanti del Brasile. Recife è la quinta città più grande del Brasile ma è meno moderna e cosmopolita di alcune altre grandi città brasiliane. Il Guarapares International Airport è l'aeroporto della città e offre numerosi voli da e per questa destinazione. Recife è nata come una città portuale incastonata fra spiagge di sabbia bianca punteggiata da palme e barriere coralline. L'area urbana è in rapida crescita ed è collegata da una serie di ponti e corsi d'acqua. Nel 1982, la vicina città di Olinda è stata dichiarata patrimonio mondiale dell'Unesco ed il turismo ovviamente ne ha risentito positivamente.

Il nome di Recife deriva dalla parola portoghese "recife de coral", appunto "barriera corallina". L'area è stata una delle prime in Brasile a ribellarsi dalla dominazione portoghese nel 1534. Lo stato di Pernambuco prosperò con l'industria della canna da zucchero, che è stata originariamente introdotta nella zona da Duarte Coelho. Recife era un territorio fertile con un clima estremamente adatto per la coltivazione della canna da zucchero. Le popolazioni indigene del Brasile sono state impiegate per lavorare la terra e coltivare la canna da zucchero nei campi. Quando ciò non era più una soluzione praticabile per produrre, gli schiavi raccolti dall'Africa sono stati portati nel paese tra il 16° secolo e 19° secolo per sostituire la popolazione indigena non cooperativa e così sostituita per i lavori nei campi. Questo stato brasiliano ha elementi molto visibili della cultura nera nel cibo, nella danza e nella musica a causa dell'influenza del popolo africano. La combinazione di indiani, schiavi neri e portoghesi era talmente elevato che ha fatto di Recife una delle città più culturalmente variegate del paese.

Il Carnevale di Recife ha una famosa tradizione ed è sicuramente uno dei più belli e famosi del Brasile.

Ogni hotel di Recife Vi aspetta a braccia aperte in questo periodo dell'anno. Le strade si animano con i nativi indiani ed africani Maracatu ai battiti del Frevo e del Samba. Sarete incantati dalle atmosfere, i suoni e le sfilate dei carri del Carnevale.

SAO LUIS

Sao Luis che ha preso il nome da re Luigi XIII (di Francia), è considerata una delle città più belle del Brasile. L'architettura della città è coloniale ed è stata fondata da un pirata francese, con magnifiche chiese e palazzi. Sao Luis è a dir poco incantevole ed è una deliziosa fusione di tutte le culture del Brasile: africana, indigena e portoghese. Vale proprio la pena di visitare questa bella cittadina.

NATAL

Natal è la capitale del Rio Grande Do Norte. E' incorniciata da splendide spiagge e dune di sabbia che corrono lungo i suoi 40 chilometri di costa. Geograficamente parlando Natal è il punto più vicino del Brasile all'Europa.

Natal dispone di due centri urbani che includono le città di Natal e Ponta Negra, quest'ultima è l'area più popolare per l'intrattenimento, ristoranti e alloggi. Conosciuta come la "Città del Sole" e anche come "La Città delle Dune", Natal si trova nella punta nord-orientale del Brasile. Situata a circa 15 gradi a sud dell'equatore il sole splende per oltre 3.000 ore ogni anno. La temperatura media a Natal è di circa 28 gradi Celsius. Durante la stagione estiva raggiunge i 38 gradi Celsius.

Quando si organizza una vacanza a Natal e' bene tenere presente che il periodo migliore per visitarla è da Novembre a Febbraio e poi ancora nel mese di Luglio. Ci sono hotel a quattro e cinque stelle che si trovano lungo la "Via Costeira" i quali offrono un ottimo servizio. Sono tutti affacciati direttamente sulla spiaggia e la maggior parte delle camere hanno una splendida vista sull'oceano. Per trovare una più ampia gamma di sistemazioni basta spostarsi a Ponta Negra dove è possibile trovare una varietà di hotel che soddisfano le esigenze di ogni tasca. Nessuna vacanza a Natal sarebbe completa senza un giro fra le tante spiagge sia a nord che a sud di Natal, fra le più famose sicuramente spicca Praia De Pipa.

FORTALEZA

Due parole definiscono la capitale dello stato del Ceará: Sole e Festa.

Fortaleza è la città costiera brasiliana con più giornate di sole durante tutto l'anno. Fortaleza è una città calda, con una piacevole brezza lunga la costa, con piccole variazioni di temperatura durante l'anno, infatti Fortaleza si trova molto vicino alla linea equatoriale. C'è un leggero calo di temperatura da Aprile ad Agosto, ma la temperatura resta ancora tra i 24 e i 28 gradi Celsius. Il resto dell'anno la temperatura è di 30 gradi Celsius.

Il "forrò" è lo stile musicale tipico della regione del nord-est, è nel sangue del popolo e si ascolta dovunque: sulla spiaggia, nei bar, nei ristoranti, nelle discoteche, nelle strade della città. La maggior parte dei bar-spiaggia sono aperti fino a molto tardi e in alcune delle località balneari come Cumbuco e Canoa Quebrada spesso non chiudono proprio rimanendo aperti fino all'alba ed oltre.

La movida notturna inizia ad agitarsi intorno a mezzanotte e poi va avanti fino alle prime ore del mattino. Le mete turistiche principali si trovano sulla spiaggia di Iracema con diversi locali notturni e bar come il Café del Mar e il Mambo, e il "Pirata" la discoteca famosa per il suo Lunedì dedicato agli amanti della musica Forrò.

Famosa per la cordialità e l'ospitalità della sua gente, per le sue luci animate e una incredibile diversificazione culturale, Fortaleza è una città ben sviluppata e possiede delle moderne infrastrutture, porti, un aeroporto internazionale, le migliori catene alberghiere internazionali, centri commerciali, teatri, bar, discoteche, così come ampio verde e aree di svago. Era stata per decenni una destinazione popolare per i turisti brasiliani, ma negli ultimi anni , la fama di Fortaleza sta arrivando a tutto il mondo e il numero di europei, nord e sudamericani che arrivano nel Ceará è cresciuto rapidamente.

Il mare, che corre lungo la città, ha una varietà di attrazioni. Le spiagge urbane più importanti di Fortaleza sono Meireles, Volta e Jurema Mucuripe, collegate tra loro dalla Avenida Beira-Mar. Ci sono edifici moderni, tra cui alberghi di prima classe, numerosi bar sulla spiaggia (barracas) e ristoranti, che servono cucina locale e deliziosi piatti a base di frutti di mare. Praia do Futuro a sud est della città è un'altra spiaggia turistica molto popolare grazie alla sua splendida sabbia bianca e un'atmosfera rilassata di circa 7 km di lunghezza, è quella preferita per la balneazione e il surf. Praia do Futuro è stata resa famosa dalle sue "barracas" (ristoranti rustici costruiti direttamente sulla spiaggia), che offrono un'ottima cucina locale e spettacoli musicali. Beach Park a Ponta das Dunas, appena fuori dalla città, è il parco acquatico più grande del Brasile, ed offre anche uno dei migliori hotel-resort del Brasile.

La spiaggia di Cumbuco è famosa per il wind-surf e per le emozionanti gite in buggy su chilometri e chilometri di dune di sabbia. Una delle tante attrazioni famose in Cumbuco è la "Lagoa do Banana", dove gli ospiti possono godere di numerose attività acquatiche come il kayak, gite in motoscafo e banana-boat sulla laguna. Grazie alle sue attrazioni e la vicinanza con Fortaleza (30 minuti di auto dalla città), Cumbuco è una delle location in Brasile con la maggiore presenza di stranieri in cerca di una residenza. Questo ha causato un boom nel settore immobiliare e delle costruzioni.

Tornando alla città di Fortaleza la stessa è celebrata anche per la sua cultura e per aver mantenuto le caratteristiche architettoniche della fine del secolo. Alcune grandi attrazioni sono gli edifici di Estoril, che ospitano numerosi ristoranti e anche una galleria espositiva. Il Ponte "Dos Ingleses" (ponte degli inglesi) e il Centro Cultural Dragão do Mar, uno fra i più moderni e completi centri culturali del Brasile. Da non dimenticare la Statua di Iracema, uno dei simboli della città.

Proprio come qualsiasi città anche questa non è perfetta al 100%, Fortaleza ha anche molte aree povere, tra cui alcune favelas, ed altre zone pericolose all'interno della città. Quindi è d'uopo stare sempre attenti, lasciare gioielli e preziosi in albergo, portare con sé solo il minimo indispensabile in valuta e non addentrarsi in strade e luoghi non conosciuti.

CURITIBA

Curitiba è una città di 1,5 milioni di abitanti, molti di discendenza europea, e un importante porto. La città risale al 1669, con il primo insediamento europeo e di piantagioni di gomma che portarono ricchezza nell'area fino al declino nel 1920. Oggi la città è nota per le sue importazioni di noci del Brasile, elettroniche e attrezzature di produzione e raffinazione del petrolio.

La città di Curitiba ha a cuore l'ambiente con una innovativa pianificazione urbana con molti parchi e giardini. Uno dei migliori è il giardino "Jardim Botanico", che comprende una serra a due piani a forma di castello. Il Museo botanico all'interno del parco dispone di una vasta gamma di piante esotiche brasiliane.

Una delle attrazioni più famose è il caratteristico trenino che viaggia fra Curitiba e Paranagua. Completato nel 1880, offre un viaggio mozzafiato di tre ore, viaggiando all'interno di 13 gallerie e percorrendo oltre 67 ponti. Lungo il percorso vedrete ruscelli, cascate e una vegetazione vibrante.

Uno dei due treni giornalieri è specificamente per i turisti. Con vetture comode fermandosi appositamente nei punti più panoramici e suggestivi. Un treno regolare, ad un prezzo molto più basso, è inoltre disponibile.

FLORIANOPOLIS

Florianopolis, o Floripa come è anche conosciuta, è la capitale dello stato di Santa Catarina che si trova nel sud del Brasile. Ha un mix vivace e colorato di quello che di meglio ha da offrire il Brasile e si trova tra la città di Porto Alegre e Curitiba. Situato in una ricca distesa agricola la città è una mecca commerciale e culturale. La popolazione nell'area metropolitana dell'isola è la patria di oltre 821.000 persone, mentre la stessa isola è la patria di oltre 400.000 persone. Florianopolis è collegata alla terraferma da un ponte che permette un facile accesso al resto del Brasile e dei paesi confinanti.

La metà settentrionale dell'isola di Florianopolis è la più densamente popolata, mentre la parte meridionale resta più isolata e meno sviluppata. Con più di 100 spiagge di sabbia bianca Florianapolis attira molti americani del Sud all'anno. Sia i voli nazionali che internazionali arrivano e partono dall'aeroporto internazionale "Herciliop Luz". La città è ubicata a circa un'ora di volo da Sao Paulo e da due ore di volo da Rio de Janeiro e ci sono anche voli giornalieri da e per tutte le principali città del Brasile.

Florianopolis ha un'ampia scelta fra alberghi, pensioni e bed and breakfast (pousadas). Ci sono anche i campeggi per i viaggiatori più avventurosi. Per un tocco di lusso con vista sull'oceano potete trovare anche una suite direttamente sulla spiaggia. Ci sono molte attività da fare su questa isola sub-tropicale incluso il volo a vela, kayak, windsurf, kite-surf, escursioni naturalistiche etc...Gli abitanti del posto e i turisti riempiono bar e ristoranti. Al mercato pubblico nel centro la musica dal vivo può essere ascoltata quotidianamente. Secondo gli ospiti abituali dell'isola, il periodo migliore per visitarla è tra Marzo e Aprile.

BASTA! SCAPPO VIA E MI APRO UN BARETTO...

Chi di noi non ha mai esclamato, almeno una volta nella vita: "Basta! Scappo via e mi apro un baretto su una spiaggia caraibica!".

E' il *leit-motiv* che scandisce la vita frustrata e stressata di chi affronta quotidianamente le mille difficoltà che la società moderna porta con sè; il lavoro, le tasse, il traffico, i figli, la burocrazia, il carrierismo esasperato, la concorrenza, lo smog, la tv trash, il malaffare imperante. Gli ingredienti per "dar di matto" ammettiamolo, ci sono tutti... eccome! Facendo un giro online, cercando sui motori di ricerca parole come "fuga dall'Italia" o "qualità della vita" si apre un mondo incredibile, fatto di blog, di forum, di racconti e di esperienze di chi, questo salto verso una *new life* lo ha compiuto (o ha intenzione di compierlo). Se poi ci si addentra in questo universo, visitando siti web come si ha la possibilità di entrare in contatto con questa realtà tutt'altro che marginale, che riguarda una larga fetta di popolazione italiana senza distinzione di età e professioni, che ha deciso di trasferirsi altrove alla ricerca di una migliore qualità della vita. Quella che a primo giudizio, potrebbe sembrare una pratica propria del pensionato medio, è in realtà una tendenza in atto tra gli italiani, che dovrebbe far riflettere circa le cause di questo malcontento verso il Belpaese e i suoi costumi.

TRASFERIRSI IN BRASILE E' SOLO UN SOGNO? NO, OGGI E' UNA BUONA IDEA!

Molti di noi sono cresciuti con l'idea che "andare a vivere in Brasile" , "mollo tutto e apro un bar in spiaggia" fosserò solo sogni...
Ma oggi lo sono ancora?

Iniziare di nuovo in un paese fantastico dalla natura quasi incontaminata, festoso e allegro, con donne bellissime e risorse enormi.. Un paese 7 volte più grande dell'Europa e che ancora deve dare dimostrazione delle sue grandi potenzialità... Europa e Stati Uniti sono in piena crisi... Il futuro è già in Brasile!

E mentre l'economia dei paesi occidentali (Italia, Spagna, Europa e Stati Uniti) attraversano una crisi nera, il Brasile e' il miglior mercato emergente del mondo secondo Citibank, ha pagato il suo debito estero ed è diventato oggi addirittura un paese creditore. La redditivita' delle industrie brasiliane supera quelle degli Usa, l'economia Brasiliana è in crescita esponenziale, i salari salgono, l'occupazione cresce, addirittura la scoperta di un enorme giacimento di petrolio pone il brasile al pari dell'arabia saudita in termini di riserve.
E l'Economist stesso pubblica un titolo: "Forse che Dio stesso è Brasiliano...?"

Intanto in Italia (stretti nella morsa del gelo) il potere d'acquisto dei nostri stipendi diminuisce e il lavoro è sempre meno, gli immobili sono sempre costosissimi e gli interessi applicati sui depositi bancari sono quasi inesistenti... Forse è per questo che oggi é sempre meno allettante investire in Italia. Così gli italiani sono sempre più propensi, prima di intraprendere nuove iniziative economiche, a guardarsi intorno e a scegliere mete sempre più lontane e convenienti.
Il potere d'acquisto per italiani ed europei in genere, si è quasi dimezzato negli ultimi anni. Con trentamila euro (60 milioni delle vecchie lire) compri una bella auto, con centomila (duecentomilioni) un monolocale, e poi? Quali "beni rifugio" puoi comprare in Italia con un piccolo capitale?

Con trentamila euro da investire, in un paese in via di sviluppo, come il Brasile, si riesce ad aprire un piccolo bar, avviare una piccola attività o addirittura comprare una casa.
Al governo Brasiliano piacciono le piccole imprese e le favorisce con sgravi fiscali (al contrario dell'italia, ve lo dicono tanti piccoli imprenditori), sarà quindi facile inventarsi qualcosa...
Forse 20 anni fa il Brasile era un luogo lontano, oltreoceano, distante e quasi irragiungibile... ma oggi..?

Oggi ci si può arrivare in poche ore di aereo e senza spendere grandi cifre...
Forse è cambiato questo... Di certo i ns. genitori non pensavano di trasferirsi oltreoceano... Per il loro viaggio di nozze la maggior parte

sono andati a Venezia...!

Ma oggi è cambiato tutto, i giovani sono pronti ad accettare queste sfide, sono intraprendenti e informati e con internet si possono ottenere quantità enormi di informazioni e si può acquistare un biglietto in pochi minuti.

Insomma oggi andare a vivere in Brasile non è cosi difficile. Basta solo mettere da parte i timori e se sei veramente convinto, fare il passo...

Sarà per via dell'attuale situazione economica, che é eufemistico definire "altalenante". Oppure per il ridursi del potere d'acquisto degli stipendi. O forse per gli altissimi prezzi degli immobili. O ancora per gli insignificanti interessi applicati sui depositi bancari. Fatto sta che oggi é sempre meno allettante investire nei cosiddetti «beni rifugio». Così gli italiani sono sempre più propensi, prima di intraprendere nuove iniziative economiche, a guardarsi intorno e a scegliere mete sempre più lontane e convenienti. In fondo siamo o no un Paese di «santi, poeti e navigatori»?

La spinta principale ad andarsene nasce dalle scarse possibilità di crescita economica che si hanno in Europa a livello di piccoli capitali. «Pensiamo al professionista stanco, al pensionato che non riesce ad arrivare a fine mese, alla coppia "spallata", e chi più ne ha più ne metta, tutti cercano un posto al sole. Se poi pensiamo al dilagante terrorismo islamico, alla paranoia della terza guerra mondiale, vediamo bene che di persone che hanno un motivo per scegliere mete lontane ve ne sono, e molte».

Insomma, le motivazioni per fare il grande passo ed andare a vivere all'estero, lasciando la "mamma", sacra per gli italiani, e spesso moglie o marito e bambini, sono numerose. Le più svariate. Sotto un profilo emotivo ciò che spinge a questo passo é soprattutto la voglia d'avventura, di sfuggire alla monotonia quotidiana e d'esplorare le nostre fantasie, diventando cittadini del mondo. «C'è però da dire che un grande freno è rappresentato dalla nostra cultura. Gli italiani sono grandi viaggiatori, ma hanno difficoltà a stabilirsi in altri posti; è facile sentir dire all'espatriato italiano: "al mio paese è un'altra cosa ...". Staccarci da tutto ciò che è "made in Italy" è ben più difficile di quanto si pensi. In genere su quattro italiani che tentano l'espatrio tre tornano indietro».

Da un certo punto di vista **e'** facile fare il primo passo: basta fare la valigia, mettere in tasca la carta di credito, un po' di soldi, il passaporto e via. A seconda del paese le cose possono essere facili o difficili. La realtà però non é sempre così rosea.

Perché il Brasile é diventato di moda, tra i nostri connazionali, anche per avviare iniziative imprenditoriali?

Il Brasile e' un paese grande che offre una diversità di paesaggi, fauna, flora, climi e microeconomie per tutti i gusti. Il costo della vita è ancora abbastanza basso. Ci sono poi la musica e il calore delle persone. Questo fa del Brasile un posto dove si desidera vivere. C'é poi l'apparente facilità con cui aprire un'attività.
Il grande problema è la faciloneria e la mancanza d'informazione. Noi italiani siamo grandi sponsor del "fai da te" e così spesso chi faceva il muratore in Italia si improvvisa ristoratore, l'avvocato diventa gestore di una pensione sul mare, il dottore apre un piccolo bar per turisti. Nulla di più sbagliato. L'espatrio va pianificato, almeno in gran parte. Gli statunitensi, meno creativi di noi, per abitudine pianificano tutto, fino al più piccolo dettaglio, ma alla fine si trovano meglio. La pianificazione economica è essenziale. Se avete trentamila euro, dovreste lasciarne diecimila a casa per ogni evenienza. Diecimila li investite, e i restanti diecimila serviranno per avviare l'attività. Il "fai da te" porta a prendere molte fregature. Poi, nei paesi in via di sviluppo, esiste una burocrazia che è un vero e proprio costo. Ci sono le leggi scritte, i regolamenti e le interpretazioni. Ciò che può sembrare facile può diventare un vero e proprio incubo. Pianificazione, pianificazione, pianificazione. Su questi aspetti fondamentali consigliamo il nostro libro "tecnico" sugli investimenti in Brasile:

"Investire in Brasile. Cosa fare e cosa non...fare"
In questa guida pratica sono raccolti, andando direttamente al nocciolo di ogni situazione e soprattutto senza filtri, dieci anni di diretta esperienza in Brasile in materia di investimenti. Vi

permetterà di partire già con un bagaglio di esperienza di investimenti immobiliari e di non cadere nella miriade di "trucchetti" che inevitabilmente incontrerete nel paese del "samba" venendo a conoscenza delle CRUDE VERITA'! Non permettete che il Vostro Paradiso si trasformi nel Vostro Inferno...

In genere poi c'è sempre una certa diffidenza verso l'espatriato. La domandina piena di doppi sensi fatta un po' da tutti é: "Ma perché te ne sei andato dall'Italia?".

Ce da dire ad onor del vero che nel sud del Brasile, per esempio, certi inconvenienti piuttosto frequenti nel Nordeste non si verificano, ma perché mai trasferirsi in una copia, pur "brasilianizzata", dell'Europa? Il problema è che la maggior parte degli investitori non cerca soltanto un'attività economica: cerca in generale un posto al sole, qualcosa davanti al mare o nelle zone turistiche. Questo però è come mettersi nella bocca del lupo. La maggior parte dei locali notturni e dei ristoranti in zona turistica paga la protezione dell'una o dell'altra autorità; e davanti al mare in teoria non c'è nulla di permesso.

Detta così sembra che si voglia scoraggiare il grande passo verso il Brasile. Non è così. Ma e' importante chiarire che in Brasile, forse più che altrove, è necessaria la pianificazione. Il ns. consiglio è quindi di ricercare su Internet, su siti specializzati, forum, liste di discussione, anche se purtroppo su questi strumenti vi sono molti perditempo o persone che parlando per sentito dire si sentono degli esperti. In ogni caso ascoltare varie opinioni non fa mai male. Non solo in Brasile, ma un po' ovunque, gli espatriati hanno problemi d'inserimento.

Per questo Brazil Real Property, www.brazilrealproperty.com, già presente in Brasile da 10 anni, ha pubblicato sia questo libro e sia la guida "Investire in Brasile. Cosa fare e cosa non...fare!" pubblicate, in varie lingue e in formati E-book (libri elettronici), scritti da espatriati per futuri espatriati. Il vantaggio degli e-book è che si possono aggiornare continuamente.

I vantaggi che offre il più grande paese sudamericano a chi vuol mollare tutto ed iniziare, lontano da casa, una nuova attività economica sono principalmente il clima, una economia stabile, protezione degli investimenti stranieri, una lingua facile da imparare e una cultura simile alla nostra.

Consigliamo di fare le valigie ai pensionati e a tutti coloro che hanno un capitale di almeno centomila euro (la legge ne richiede R$150.000 al cambio di oggi pari a circa 69.000euro per ottenere la residenza tramite il visto da investimento). Con pochi soldi il rischio di perdere tutto è enorme. Ovviamente dipende dalle capacità personali e da come si voglia vivere. Se siete disposti a vivere in una "favela" e a mangiare riso e fagioli ve la caverete benissimo; se invece volete avere un'auto, una casa decente e cibo all'italiana, allora la vita non è poi così a buon mercato. L'auto è considerata un bene di lusso e la benzina costa come in Italia; un po' meno, a dire il vero, ma ha una resa inferiore del quaranta per cento, quindi alla fine... Poi c'é il capitolo delle multe: passare col semaforo rosso, tanto per fare un esempio, può costare mezzo "salário mínimo". In conclusione le persone a cui consigliamo di più il Brasile sono i pensionati o coloro che possono vivere di rendita. Qui con mille euro al mese si vive benino e con questi soldi ci si possono permettere cose che in Italia non si potrebbero fare. Inoltre i visti di permanenza per pensionati sono facili da ottenere.

Il Brasile è un paradiso soltanto per vivere di rendita o fare investimenti immobiliari. Per lavorare qui serve capacità professionale e una buona dose di pazienza e di pelo sullo stomaco. Gli investimenti immobiliari li divideremo in tre categorie.

A breve termine, diciamo un anno, vanno bene gli investimenti in città, come immobili da ristrutturare o acquistati in prevendita (sulla carta). Qualsiasi capitale, in questo caso, è interessante.

A medio termine, sui due o tre anni, andrà bene una pousada, cioè una pensione, o terreni "vista mare", o a lottizzazioni nel Nordeste.

A lungo termine, vale a dire tra i cinque e i dieci anni, puntare su immobili in aree remote: in generale ad oltre cento chilometri da un aeroporto internazionale o nella regione amazzonica».

LA POUSADA

Ogni giorno che passa la parola "Pousada", il corrispettivo del ns. bred & breakfast, entra sempre più di frequente nella terminologia comune. E' facile infatti imbattersi in discorsi di persone che hanno avuto l'idea di aprire una pousada in Brasile e trovarsi così a scoprire l'esistenza di un'attività lavorativa del tutto nuova (almeno per noi europeri) e sicuramente redditizia. Ma che cos'è in realtà una pousada? L'alternativa all'hotel per un turista e' di prendere o una casa in affitto (ma per almeno una settimana) o di pernottare in qualche ostello a prezzi modici; ma tali sistemazioni di solito poco si adattano al turista che ha programmato una vacanza di qualche giorno o a quello che non vuole rinunciare ai comfort e alle comodità che solo in un albergo poteva trovare.

Nasce così la "pousada", la soluzione ideale per chi vuole risparmiare senza però rinunciare alla qualità della struttura che lo ospita.

Prima colazione / Cafe' a manha

Nella gestione di una pousada il momento della prima colazione ricopre un' importanza particolare. E' in questo piccolo arco di tempo infatti che il gestore della pousada mette a disposizione del turista la propria conoscenza della zona divulgando preziose informazioni utili a raggiungere facilmente le principali mete turistiche.

Pensate quanto possa essere importante per un turista sapere in quale direzione muoversi senza dover girare invano e magari ritrovarsi in chissà quale parte della città. Nella prima mattina si ha modo di familiarizzare con il nostro ospite che sarà contento di raccontarvi le sue avventure durante il soggiorno. Vi faccio presente che il turista che decide di alloggiare presso una pousada è una persona che ama il contatto con la gente ed è alla ricerca di nuovi rapporti.

Ricordate inoltre che l' immagine che avrà l'ospite della Vostra pousada non dipende solo dalla bellezza delle stanze ma anche dal rapporto che sarete riusciti ad instaurare con lui.

BRASILE, IL PAESE PIU' ITALIANO AL MONDO

Il Brasile è il paese più italiano al mondo: è quanto emerge dal recente "Rapporto italiani nel mondo 2006", realizzato dalla Fondazione Migrantes (ufficio pastorale della Conferenza episcopale italiana), in collaborazione con Acli, Inas-Cisi, Mcl e Missionari scalabriniani e di studiosi di diverse provenienze coordinati dal "Dossier statistico immigrazione Caritas/Migrantes". Questo rapporto statistico, reso pubblico dalla Caritas all'inizio di questo mese, arriva per colmare un vuoto durato ben vent'anni, una mancanza di informazioni che ha contribuito negativamente alla comprensione e risoluzione dei problemi dei cittadini italiani residenti all'estero. Secondo quanto scritto sul rapporto, con questo studio si è cercato di dare una risposta positiva al senso di appartenenza degli emigrati e di risvegliare un maggiore interesse nella società italiana, di cui gli emigrati sono cittadini a pieno titolo dopo aver eletto i propri parlamentari durante le ultime elezioni.

Secondo i dati dell'Anagrafe degli italiani residenti all'estero (Aire), aggiornati al 9 maggio 2006, vi sono 3 milioni e 106.251 cittadini italiani residenti all'estero, mentre tenendo in considerazione anche le informazioni consolari, il numero effettivo di persone è più realisticamente vicino ai circa 3,5 milioni. L'Europa si conferma come il continente di maggiore insediamento (60% del totale), seguita dall'America (34,4%), dall'Oceania (3,6%), Africa (1,3%) e Asia (0,7%). Tra i paesi che ospitano il più alto numero di italiani, ci sono rispettivamente la Germania e la Svizzera. L'Argentina, invece, è il paese extraeuropeo con maggior numero di cittadini italiani (404.330 presenze), visto che circa metà della popolazione locale ha delle origine italiana. Il Brasile è al secondo posto tra i paesi latinoamericani per quanto riguarda il volume della presenza italiana (148.746 residenti), composta in misura rilevante da persone di origine trentina e veneta. Nonostante sia difficile tracciare un identikit dell'italiano all'estero, data soprattutto la diversità tra un paese e l'altro, dal rapporto emergono dei dati interessanti. In generale, il livello di istruzione degli emigrati è più basso rispetto ai cittadini rimasti in Italia. Un terzo degli emigrati in Australia ha solo la licenza elementare, mentre in Argentina, e soprattutto in Brasile, il livello è molto più elevato, rispettivamente il 36,7% e il 44% tra laureati e diplomati.

Oltre ai dati sopra riportati, il rapporto sostiene essere del tutto fondato fare riferimento ad una collettività italiana allargata di oltre 60 milioni di persone, praticamente un'altra Italia fuori dal territorio italiano. Secondo questi dati il Brasile, pur non essendo il paese con maggior numero di cittadini italiani iscritti all'Aire, ospita la maggior comunità italiana del mondo: ben 31 milioni di residenti tra italiani e italo-brasiliani che rappresentano poco meno della metà di tutti i cittadini di origine italiana sparsi per il mondo. Soltanto nella città di San Paolo, circa la metà dei 15 milioni di abitanti avrebbe sangue italiano nelle vene. Da quanto emerge dal rapporto, sarebbe scorretto ritenere che l'emigrazione italiana sia sempre stata una storia di grande successo. Spesso si emigrò per bisogno, sia delle singole persone che del paese. Tanti sono i casi di chi non fece fortuna e molte volte rimase senza le poche risorse che aveva al momento della partenza dall'Italia. Ma è pur vero che molti hanno trovato la strada del successo, come dimostrano i ruoli di grande prestigio svolti dai cittadini italiani residenti all'estero. Una delle espressioni più significative riguarda le cariche istituzionali locali, in cui il Brasile appare al primo posto con 63 parlamentari di origine italiane eletti, seguito dall'Uruguay con 56 e l'Argentina con 39. Attualmente, in Argentina e Brasile, più di un quinto degli italiani residenti sono imprenditori e molti altri sono lavoratori autonomi e professionisti. Solo nello stato di Rio Grande do Sul, in Brasile, su 10.641 aziende, 4.512 sono intestate a imprenditori di origine italiana. Il rapporto inoltre risalta che le aree di maggiore insediamento dei connazionali, cioè il sud e sudest del paese, sono quelle a più alto sviluppo sociale ed economico e contribuiscono, da sole, ai tre quarti del prodotto interno lordo brasiliano.

Meritano un paragrafo a loro dedicato le seconde, terze e quarte generazioni che sono i figli degli italiani emigrati nati sul posto e i loro discendenti, che sono chiamati «oriundi». Rappresentano il 28% del totale dei registrati all'Aire in qualità di «discendente di migrante nato all'estero». Le radici italiane a volte sono trascurate oppure vissute in modo solo privato e familiare. Ma c'è anche chi si dedica allo studio della lingua italiana e alla riscoperta della cultura, oltre che al consumo di prodotti tipici del *made in Italy*. Inoltre, risulta crescente l'interesse per l'acquisizione della cittadinanza italiana: al Consolato di Buenos Aires, per esempio, sono pendenti 40 mila richieste, mentre in Venezuela gli appuntamenti vengono fissati per il 2012. Situazioni simili si verificano anche in Brasile e Uruguay.

Anche la stampa italiana all'estero è abbastanza diffusa e comprende 400 testate tra periodici cartacei, agenzie e notiziari online. Lo stesso accade con la grande quantità di associazioni regionali e circoli italiani fondati e gestiti dai connazionali all'estero nell'intento di mantenere vivi i legami con l'Italia.

Il tempo rubato al lavoro è un tempo ben speso, perché utile a conseguire i desideri di felicità e a dedicarsi alle proprie passioni.

Brazil Real Property

TESTIMONIANZE VERE

Natal: Marco Moretto

La mia nuova Vita nel Rio Grande Do Norte

Mi chiamo Marco Moretto, sono vicentino, sposato con una donna brasiliana e con un bellissimo figlio di due anni; sono un imprenditore. Vi scrivo dalla cittá di Natal, situata nel nord-est della costa brasiliana. Natal é la capitale dello stato del Rio Grande do Norte e conta com 800.000 abitanti. Si tratta di una localitá piuttosto conosciuta nell´ambito delle rotte turistiche internazionali, baciata dal sole per circa 300 giorni all´anno e con un clima caldo/ventilato di 28/30° centigradi. Dopo aver frequentato questa localitá per oltre dieci anni come turista assieme a mia moglie Cynthia, da un paio d´anni io e la mia famiglia ci siamo trasferiti in questa cittá con l´obbiettivo di iniziare un nuovo percorso di vita.

Premetto che da molti anni cullavo intimamente l´idea di un´esperienza di vita all'estero; la cosa mi ha sempre affascinato e portato a conoscere alcuni paesi, tra questi il Brasile ha lasciato in me fin dal primo approccio una sensazione fortemente accogliente. Il lavoro negli ultimi anni andava bene e con la crescita della nostra attivitá lavorativa aumentavano parallelamente gli impegni che poi col tempo divennero sforzi, stress, insoddisfazione; una sorta di grande frullatore nel quale sia io che mia moglie ci trovammo immersi senza vedere una via che potesse mediare il benessere economico con la qualitá di vita.
Questo ci portó a ricercare degli equilibri e quindi a sognare un´alternativa che culminó con la vendita dell´impresa. A questo punto eravamo liberi da vincoli lavorativi ed avevamo il dovere di far qualcosa anche per noi stessi, potevamo sognare, ma anche realizzare i nostri sogni; una condizione perfetta. Natal é stata la scelta piú ovvia, essendo mia moglie nativa del posto e di conseguenza anche la cittá che conoscevamo meglio e che peraltro frequentavamo annualmente.

Il Brasile é considerato uno dei paesi emergenti e le indicazioni economico/commerciali che avevamo erano favorevoli; se poi idealmente le intrecciavamo con un ritmo di vita decisamente meno stressante… ecco trovata la nostra prossima meta.

Qui con grande entusiasmo abbiamo deciso di rimetterci in gioco fondando Bienova (www.bienova.com), un negozio di 200 mq. dedicato all'arredo bagno e situato nella principale via commerciale della cittá.

Bienova nella composizione della parola racchiude il senso della nostro cambiamento radicale, il punto vendita é idealmente un omaggio a nostro figlio Gabriel (diminutivo portoghese : BIEL) e alla nostra nuova vita (NOVA), da qui BIENOVA. Con il puro spirito imprenditoriale che contraddistingue i Veneti, ci siamo catapultati senza paura in questa nuova esperienza e ne stiamo traendo interessanti esperienze. A distanza di molti mesi, oggi, posso tirare le prime somme e testimoniare come le radici della mia terra siano radicate in me, ma soprattutto come gli insegnamenti ricevuti in patria possano essere un'ottima base di partenza per farci valere e considerare nel mondo.

D: Qual è il luogo comune più falso sul Brasile?

Io credo che in generale il luogo comune trasmessoci dai mass media quando si parla di Brasile sia quello del relax e della palma da cocco: ci viene venduto il cossiddetto "sogno tropicale". Spesso ripeto che il sogno tropicale non esiste, é uno stereotipo scaccia stress che muove l'immaginario di molti di noi e che spesso ci abbaglia, una sorta di cura per i nostri momenti di insoddisfazione.

Qui a Natal, esattamente come in altri paesi, bisogna conquistarsi tutto con le proprie forze ed anzi, se possibile, per noi stranieri c'é da pagare anche lo scotto dell'inserimento in una mentalitá che non é esattamente quella nella quale sapevamo barcamenarci. Se il luogo comune funzionasse le spiagge sarebbero piene di chioschetti gestiti da stranieri, tutti offrendo liquori a base di frutta e contornati da bella gente quasi facendo il verso al famoso film di Tom Cruise – Cocktail & Dreams – ricordate?

D: Sempre più persone decidono di lasciare l'Italia per inseguire altrove il proprio sogno. Di chi sono le responsabilità?

Io sono fuori Italia da più di due anni e quindi non sono stato travolto dallo tsunami della crisi economica, tuttavia percepisco che l´insoddisfazione di chi non vede riconosciuti i propri sforzi é grande.
Purtroppo la convivenza con il sistema capitalista ha degli scotti da pagare: ci fanno sognare e desiderare di continuo, offrendoci cose alle quali apparentemente non possiamo rinunciare e creandoci la frustrazione di doverle raggiungere. Quando questo non succede si innescano i piccoli drammi personali e le insoddisfazioni.
A paritá di classe sociale molti di noi in Italia hanno molto di più di quanto non sogni di avere un Brasiliano, ma l´insoffereza é indirettamente proporzionale.

Il Brasiliano riesce ad essere felice anche con piccoli confort, mentre noi europei non riusciamo a soddisfarci.
Io credo che alla fine di tutto la responsabilitá non sia da attribuire all'essere umano, ma al sistema nel quale ci troviamo coinvolti; nel modello.
Quello Italiano é estremamente rigido, rigoroso, poco elastico.

D: E tu, quando hai capito che il tuo sogno l'avresti realizzato all'estero?

Il sogno di essere piú felici prima o poi pervade tutti noi; io ancora lo rincorro.
In realtá non ho ancora certezze assolute, sono qua a Natal da troppo poco tempo e sto passando la fase di ambientamento. In questo é fondamentale l'aiuto di mia moglie, come dire che da soli l'inserimento puó essere un pó piú difficoltoso.

Di certo é che negli ultimi anni mi ero accorto di non poter uscire dallo schema impostomi in Italia e che quindi avrei dovuto scegliere se continuare a lamentarmi o cercare un'alternativa. Per fare passi come il mio bisogna comunque che una serie di circostanze si presentino tutte favorevoli: questo é stato il mio caso e quindi perché non tentare?

D: Come si vede la nostra stanca Italia da laggiù?

Mi viene istintivo compararla con la realtá chesto vivendo. Seguo i TG di Rai Internacional, i giornali via internet e vedo la mia terra seriosa, ma anche molto organizzata.
Certamente non é un bel momento economico ed il malcontento é percepibile.
Comunque sia vivendo all'estero si prova sempre una certa nostalgia per la madre patria. La nostalgia per la mia cittá di Vicenza, con i suoi sapori, le sue stagioni anche umide e poi anche la famiglia, gli amici, la nostra cultura; per tutto questo provo nostalgia e grandissimo affetto.

D: Il tuo posto segreto a Natal.

Qui a Natal la temperatura media é di 28 gradi durante tutto l'anno e quindi il sole la fa da padrone, questo giá é un bell'aiuto per il buon umore. Il ritmo di vita é inesorabilmente rallentato dal clima e da una certa inerzia e forse questo puó anche essere un insegnamento in certe situazioni; il clima é meraviglioso e ci sono apparentemente tutti i crismi per descrivere un bel romanzo di ideali e conforto.

Personalmente quando voglio un momento tutto mio mi immergo in piscina, ascoltando i rumori della natura.

Queste sono obbiettivamente sensazioni impagabili che difficilmente sono riscontrabili a Vicenza.
Quando é cosí ci si ritrova veramente in armonia con se stessi.

D: E' pentito della sua scelta?

Non sono pentito della mia scelta e la reputo un´esperienza molto costruttiva che consiglierei a molte persone. In questo momento l´economia Italiana, in particolare quella del nord-est, sta vivendo momenti d´ instabilitá e sofferenza e questo spinge molte persone a scrivermi con l´intendo di ricevere consigli per poter percorrere quel cambio di vita scaccia stress; il tanto idealizzato "sogno tropicale" che ci viene venduto dai film e nelle immagini dei cataloghi di viaggio. Nemmeno qua a Natal la vita é in discesa, anzi, ci si deve conquistare tutto esattamente come in patria e forse, a volte, il fatto di essere stranieri non é esattamente un privilegio.
Questa mia testimonianza vuole essere per tutti un incentivo a lottare per il proprio sogno, come anche una spinta morale a sottolineare come la nostra bella cittá di Vicenza si apprezzi ancor piú quando si vive lontano.

Um abraço a todos e un invito a sognare sempre senza desistere mai…

Marco Moretto

Cuiabà: Eugenio Ballarin

La mia nuova Vita in Mato Grosso

Ingegnere elettronico e manager in varie multinazionali, dopo una riduzione (quasi totale) del personale nella mia ditta e diversi mesi a mandare CVs in giro per l'Europa senza manco una risposta, ho deciso di andarmene in Brasile. La mia ragazza è di Cuiabà nel Mato Grosso e quindi ci siamo stabiliti qui. Mi piace il posto, perchè ci sono pochi turisti ed Europei e ci sono molte cose da fare ancora.

D: Qual è il luogo comune più falso sul Brasile?

L'immagine del Brasile che si vede sempre è quella di Rio de Janeiro, ossia gente mulatta che balla a ritmo di Samba. Discutibile sotto molti aspetti, in Brasile si ascolta molto più Forrò e Sertaneja (specie di Country Brasileira) che Samba, è molto più comune vedere mestizos che mulatos. Infine c'è molta gente che è assolutamente ostile a questa cultura carnevalesca. Nel Mato Grosso l'elemento religioso di sfondo Moralistico-Evangelico è molto forte, sotto quest'aspetto mi ricorda molto il Sud Battista degli Stati Uniti in cui quasi tutti si presentano come credenti veementi, anche se spesso il comportamento non è altrettanto immacolato.

Lo stereotipo del Brasiliano un pò spensierato comunque è abbastanza azzeccato, rimangono ottimi compagni di festa, ma se devono essere soci di lavoro, o peggio, fornitori diventano velocemente poco simpatici. Un consiglio? Mai pagare in anticipo, o almeno il minimo possibile! Bisogna farsene un pò una ragione, se no si impazzisce. Quando fisso un appuntamento per mezzogiorno dico 11:59, quando, perplessi mi chiedono perchè, gli dico che a mezzogiorno me ne sto andando via. Poi bisogna sorridere quando arrivano con mezz'oretta di ritardo (se va bene)! Quello che un pò infastidisce è che magari non gli viene in mente di chiamare quando decidono di non passare per niente. Per un Europeo questo sembra mancanza di rispetto, ma per un Brasiliano, o almeno molti, è assolutamente normale, comunque non lo fanno con malvagia.

D: Sempre più persone decidono di lasciare l'Italia per inseguire altrove il proprio sogno. Di chi sono le responsabilità?

Il problema dell'Italia attualmente è sopratutto di tipo demografico. Sempre più pensionati e sempre meno giovani. Questo poi entra nella mentalità della gente, poichè trovare un lavoro decente diventa sempre più difficile e quindi si è reso il licenziamento spesso impossibile, il che a sua volta scoraggia gli investimenti delle imprese, appunto in un paese di "vecchi". Si crea quindi una spirale in qui investire e rischiare non conviene. Ormai lo stato controlla il 52% del prodotto nazionale, come prevedibile c'è poco incentivo per crescere. Gli ultimi mesi quando ormai si consalidava la crisi, mi sembrava che l'Italia fosse sempre di più un museo a cielo aperto, un bel paesaggio e tanti vecchi. Un po è triste realizzare che non c'è futuro nel tuo paese, ma insomma il Brasile ti consola in fretta.

D: E tu, quando hai capito che il tuo sogno l'avresti realizzato all'estero?

Nel mio caso la mia ditta ha mandato quasi tutti a casa, da mesi ormai si sapeva. Ho un ottimo Curriculum, ma nessuno rispondeva quando lo inviavo. Dopo un anno così ho deciso che non c'era futuro in Europa. Questo per capirci prima dell'implosione PIGS (Portogallo, Irlanda, Grecia e Spagna). Il Brasile quest'anno dovrebbe crescere del 9% mentre l'Italia è in crescita negativa o zero ormai da anni. Nei primi sei mesi del 2010 nel Brasile sono stati creati 1,3 milioni di posti di lavoro. Magari di questi il 90% offre salari bassi, ma è chiaro che tentare un'avventura in un paese che cresce aumenta le possibilità di successo.

D: Come si vede la nostra stanca Italia da laggiù?

Per I Brasiliani l'Europa e specialmente l'Italia mantiene un certo fascino. Moda, arte, ricchezza (quest'ultima forse gonfiata nell'immaginario popolare) esercitano il loro fascino.   Ma ho l'impressione che sempre più Brasiliani stanno tornando a casa.

D: E' pentito della sua scelta?

Per ora no, ma sono qui da un anno, forse è presto per valutare. Il Brasile non è solo idillio, c'è molta violenza spensierata, e molti dei difetti Italici qui sono presenti in maniera esagerata (corruzione, burocrazia).   Comunque dell'Italia mi mancano solo i miei amici, qui c'è un bel clima, sole, allegria e crescita economica insomma mi sembra che il futuro qui sia migliore.

Eugenio Ballarin

Maceiò: Mauro Alvisi

La mia nuova Vita in Alagoas

Il mio nome è Mauro Alvisi , vivo da più di 6 anni in una splendida città del Nord Est del Brasile, Maceiò, la capitale dello stato de Alagoas (lagune)n prende il nome appunto dal fatto che è traboccante di splendide lagune. Abito alcuni km. fuori dalla città, vicino alla spiaggia, in un paesino popolato prevalentemente da pescatori, una località tranquilla, ma a soli 10 min. dalla città.
Vi state chiedendo per quale motivo ho cambiato radicalmente la mia vita e mi sono trasferito qui? Beh di solito rispondo scherzosamente NON LO SO, in verità, non c'è UN solo motivo, ma vari.
Facciamo un piccolo passo indietro, di... 7 anni, periodo Pasqua 2003, circa 3 settimane prima della mia partenza per la Thailandia, scoppia la SARS.

In tv erano tutti in allarme e con le mascherine, il mio amico D. mi chiama dicendomi che aveva deciso di non partire, il primo pensiero della mia testa calda fu: peccato, mi mancherà, ma vado da solo, poi ho pensato: il mio Inglese è scarso tendente al pessimo e là, lo parlano anche male, cosa vado a fare solo, dall'altra parte del mondo in un posto dove c'è una epidemia? Quindi, optiamo per un'altra meta, e visto che io già ero stato in alcune località del Brasile andiamo in agenzia e chiediamo di cambiare, Maceiò non la conoscevo, ma ne avevo sentito parlare e mi aveva stuzzicato, quindi, tra le possibili mete abbiamo incluso anche questa, caso vuole... si fa per dire.... ci trovano un "solo volo" per Maceiò e allora... si parte, io che della lingua Portoghese capivo due parole e ne parlavo una e D. che non ne capiva e parlava nemmeno una.

Arriviamo in aeroporto e prendiamo un taxi, direzione città, per cercare un alloggio e qui... è cominciata questa SENSAZIONE STRANA... me la ricordo come se fosse ora, durante il tragitto ho cominciato a sentire una strana e piacevole euforia che mi saliva dalla pancia fino al collo e non capivo cosa era, mi guardavo in torno e non capivo, infatti, la strada che dall'aeroporto conduce in città non ha nulla di bello, eppure... questa strana e piacevole sensazione era sempre più forte, ogni tanto mi giravo verso D. e lo guardavo con un sorriso da un orecchio all'altro, e lui non capiva che cosa avevo da essere cosi contento, si ok, eravamo in ferie ma, dopo un viaggio stancante e con la seccatura di dover ancora cercare un albergo in un posto che non conoscevamo e con qualche difficoltà a comunicare, tutta sta allegria non aveva senso ... per farla breve, la vacanza fu splendida e ci ritornammo in Agosto, io ero sempre più innamorato del posto e qualche giorno prima di rientrare grazie all'aiuto di alcuni Italiani che avevo conosciuto e vivevano lì da tempo, ho comprato una casa fuori dalla città, vicino alla spiaggia, una casa da rimettere a posto perché era sporca e trasandata, ma il mio amico E. si è preso l'impegno di seguire i lavori e di tornarla un fiorellino e cosi ha fatto, devo ammettere che nonostante il mio "azzardo" e la mia inspiegabile fretta sono stato molto fortunato, ho trovato persone serie e oneste sia tra i Brasiliani che tra i miei connazionali e quindi, quando sono ritornato, la casa era pronta e i documenti a posto.

Sconsiglio a chiunque una leggerezza come la mia, infatti come in tutti i posti del mondo, le cattive sorprese possono essere dietro l'angolo e arrivare dai nativi ma spesso anche dai connazionali, è quindi buona norma, procurarsi un buon legale o qualcuno che abbia esperienza e sappia come muoversi nel luogo.

La casa l'avevo comprata, (agosto 2003) quindi tornai in Italia molto euforico, il mio pensiero era: bene, adesso con calma tra un paio di anni metto a posto le cose poi mi trasferisco, ma perché lasciare l'Italia? Vi chiederete, ci stavi cosi male? NO, ci stavo molto bene, per "quasi tutto", avevo un ottimo lavoro (ma che non mi piaceva più) che mi permetteva orari molto flessibili, di un certo prestigio, e che mi faceva guadagnare bene! Abitavo in una splendida villetta, che avevo riempito con ogni tipo di confort, c'era tutto quello mi piaceva, plasma gigante, caminetto, parquet di ciliegio, climatizzatore in tutti gli ambienti e la musica dappertutto, bagno compreso, dove c'era anche una jacuzzi multifunzione con idro e bagno turco, insomma l'avevo fatta della mia misura e gusto, ed era posizionata sulle colline di Bologna, nei pressi di Monteveglio, in una frazioncina dove c'erano solo case e dove passavano poche auto, situata in mezzo a due colline e con un piccolo fiume davanti, mi piaceva moltissimo stare nel verde e nella tranquillità, mi ricordo che nelle notti d'estate c'erano le lucciole, non le vedevo da quando ero bambino.

Di pomeriggio quando era bella stagione mi facevo dei bellissimi giri in motocicletta, avevo "quasi tutto" quello che desideravo, ma allora perche andare via? Beh, vi ricordate quel "quasi tutto"?

Da un pò di tempo non mi sentivo più soddisfatto, cominciavo a vedere le facce sempre più tristi, sconsolate, ed arrabbiate della gente, (probabilmente per le continue pressioni fiscali e morali, diciamoci la verità nel nostro bel paese la popolazione è sempre più "spremuta" e poi, non si può fare più nulla!, è proibito tutto!) mancava la luminosità nei loro volti e mi sentivo sempre più a "disagio", il lavoro che facevo non mi dava più stimoli e se avessi continuato non lo avrei svolto con serietà e dedizione, "non mi piaceva più".

Dal 1997 invece mi ero appassionato per le terapie alternative e continuavo i miei studi in tutte le aree che mi davano una vibrazione positiva quindi ho spaziato molto, ReiKi, kinesiologia, riflessologia,

massaggi, fiori di Bach, e ora anche EFT (emotional freedom technique) ma non stavo sfruttando al meglio le mie conoscenze sul campo e a quell'epoca non sapevo se ne avrei mai fatto una professione, mi sentivo sempre più stretto e volevo andarmene via, il mio pensiero era farmi un "luuungo" periodo di ferie e diventava ogni giorno sempre più forte, vedevo un mio carissimo amico lamentarsi, ha svolto e ancora sta svolgendo un lavoro statale che detesta ed è anche mal pagato, con il miraggio di una pensione, (modesta) ma tutte le volte che arriva vicino, bummm, quelli che "spremono la gente" con un bel calcione la ributtano distante di qualche anno e cosi è arrivato alla mia età, triste ed arrabbiato, con le mani vuote e ancora fa quel lavoro che detesta, e allora ho pensato, sai che c'è? Me ne vado! Cosi bruciando tutte le tappe mi sono organizzato, ma questa volta considerando tutti i pro e contro, mi sono fatto bene i conti, ero single e senza figli, mia madre viveva insieme a mia sorella e entrambe godevano di ottima salute, ho valutato anche la possibilità che fosse solo un miraggio e che dopo qualche mese, svegliandomi, potesse non piacermi stare in quel posto, quindi ho comunicato all' azienda le mie dimissioni e il 2 di febbraio del 2004 sono partito con un volo sola andata senza sapere chiaramente cosa avrei fatto in futuro, ma avendo ancora la mia casa, la mia auto ed un gruzzoletto da parte nel caso dovessi tornare. Mi ricordo chiaramente il mio allora Capo e tuttora molto amico L. preoccupato con la mia telefonata, ma come mai? Cosa è successo? Vuoi che rivediamo la tua posizione? ma vai a lavorare per la concorrenza? Ad un certo punto ho dovuto proprio dirglielo: NO, NON HAI CAPITO! ME NE VADO! VADO A VIVERE IN BRASILEEEEEE!
Quella notizia ha scatenato tra tutti gli amici, parenti e conoscenti, una notevole confusione e incredulità, si chiedevano come mai avrei fatto una PAZZIA del genere, sta forse scappando dalle autorità? Avrà truffato qualcuno? da sbellicarsi dalle risate, la maggior parte mi dava del matto, e qualcuno del coraggioso, le domande erano tipo ma la cosa farai? cosa mangerai? e la delinquenza? e la prostituzione? beh, sul cosa farai a parte una lunga vacanza non sapevo cosa rispondere, ma devo dire che queste domande mi hanno fatto capire quanta poca conoscenza e quanti preconcetti ci siano sopra questo paese, parlando dello stato

in cui vivo, che rispetto al sud del brasile deve ancora crescere, devo dire che esiste pochissima informazione e molto spesso distorta, ma per piacere .... Cosa mangi???? A parte il fatto che personalmente ritengo la cucina locale deliziosa, da buon Emiliano mantengo tuttora il più delle volte una alimentazione ricca di pasta pesce verdure e frutti, preparati alla nostra maniera e qui si trova tutto, pasta, parmigiano, prosciutto, olio extravergine etc... alcuni di questi prodotti sono mediocri e altri di ottima qualità del resto come in Italia e comunque c'è di tutto, io poi sono un'amante del pesce e quando lo desidero i pescatori rientrando mi portano pesce freschissimo e aragoste, (a 15 reais al kg oggi circa 7 euro... devo aggiungere altro?) senza parlare dei frutti che sono a dir poco deliziosi, insomma, l'alimentazione è tutt'altro che un problema, anzi è un grande piacere, ma ricordo che a uno di quelli del tipo "so tutto io" ho risposto che avrei vissuto in una capanna e mi sarei alimentato di bacche e radici... le risate che mi son fatto.

La delinquenza? Sempre parlando della città in cui vivo , si c'è, come in quasi tutti i posti del mondo, personalmente a parte alcune zone lo ritengo un posto ancora abbastanza tranquillo, si può passeggiare sul lungomare sino a tardi senza troppi problemi, è chiaro che, se te le vai a cercare, a notte fonda in una favela o in posti poco raccomandabili, i guai li trovi, quindi mi comporto saggiamente come facevo in Italia, evito quei posti come evitavo (senza fare nomi) certi quartieri malfamati delle nostre città Italiane. Del resto, non mi sembra di ricordare i telegiornali Italiani pieni di belle notizie confortanti, anzi se la memoria non mi inganna anche loro erano e probabilmente sono, colmi di rapine omicidi e altre notizie sgradevoli. Se si cercano cose spiacevoli, non c'è bisogno di andare molto lontano da casa per trovarle.

E le prostitute? beh, guarda caso, ci sono anche qui, ma devo dire che (nella città dove vivo) per la strada ce ne sono poche, quasi non si vedono, cosa che invece non si può dire della vecchia e dotta città Bologna dove sui viali ne trovi a bizzeffe, di notte e anche di giorno.

Quindi sfatando questi falsi miti e senza preoccuparmi di tutti quelli che in qualche modo con i loro consigli "volevano il mio bene" sono partito, e come dicevo, il 2 dicembre del 2004 mi sono trasferito, pensate, ad una persona che arriva da meno 5 a più 30 un posto vicino al mare dove per 10 mesi all'anno c'è il sole e per gli altri 2 mesi, piove molto si, ma non ininterrottamente, e quando smette e viene fuori il sole fa 28/29 gradi, ehh??? I primi mesi furono una pacchia totale, immaginatevi in una casa a 40 mt. dalla spiaggia, con quasi 1000 metri di giardino e una piscina di 50 mq., il mio amico E. aveva messo anche la vasca con idromassaggio (naturalmente all'aperto) e siccome che grande come la volevo io non c'era, la fatta ricavare da una piscina per bambini, facendoci mettere tutti i bocchettoni, ha lo stesso effetto, ma ci stanno 6 persone, non male vero? La vita scorreva deliziosa, senza preoccupazioni, servito e riverito come un pascià, avevo lasciato un bel posto per uno ancora più bello e stavo proprio bene, due mesi dopo decisi di comprare due cani, avevo sempre avuto gatti che adoravo, ma questa volta c'era lo spazio e la condizione di tenere dei cani grandi, allora via alla ricerca di due dobermann femmine, trovai due sorelline di 60 giorni che guarda caso erano nate il 2 di Febbraio, strana coincidenza, il giorno del mio arrivo in Brasile.

Porto a casa queste due topoline deliziose e le chiamo Gina ed Emi, la prima dalla simpatica attrice cinematografica, e la seconda da una mia amica spagnola, molto dolce, e poco tempo dopo cominciano le passeggiate sulla spiaggia, che meraviglia, mi alzavo quando volevo, splendide colazioni in veranda e poi via, mare, passeggiate, visitare posti nuovi, e alla sera si usciva a cena e poi a divertirsi, una pacchia, passai un tempo vergognoso facendo questo tipo di vita, il mio anno sabbatico si prolungava e pensavo che non mi sarei mai stancato di vivere cosi, ma un piccolo vuoto si faceva spazio dentro di me e la mia genetica che sempre mi spinge a fare ed a essere in qualche modo utile, mi diceva che non ero qui solo per questo.

Qualche tempo dopo, un giorno ero a Praia do Frances nel ristorante di un amico, e tra uno spaghetto con i gamberi e un "bicchierotto" di vino mi parla di un vicino di casa, un americano che stava realizzando un progetto per una scuola per bambini poveri, mentre M. ne parlava sentivo una sensazione piacevole, questa cosa mi prendeva.

Combinai un'incontro, D. mi piacque subito, con quella faccia onesta e angelica, parlava con un tono calmo e rilassato e quando gli chiesi come si chiamava il progetto mi disse StarFish, stella di mare, quello fu per me il segnale.

Alcuni anni prima, quando ancora studiavo kinesiologia, mi fu inviata da una persona che stimo molto, una storia, molto significativa, con l'invito a "fare la differenza", mi ricordo che mi colpì profondamente.

La riassumo brevemente.

Un mattino dopo una forte mareggiata, un uomo saggio che era solito camminare in spiaggia prima di iniziare a scrivere, vide in lontananza una figura umana che sembrava danzare, sorrise al pensiero che qualcuno ballasse per celebrare il sorgere del giorno e accelerò il passo per raggiungere quella persona, avvicinandosi si accorse che era un ragazzino e che stava raccogliendo dalla sabbia qualcosa e la ributtava gentilmente in mare e allora gli chiese: "cosa fai?" Il ragazzino rispose sto ributtando le stelle in mare, altrimenti moriranno, l'uomo saggio disse: "ma non vedi che sono migliaia? non riuscirai a salvarle tutte". Il ragazzino lo guardò e ributtando un'altra stella in mare rispose: è vero, non riuscirò a salvarle tutte, ma ognuna che salverò, farà la differenza, per lei e per il mondo.

Il progetto di D. era molto importante e lungimirante, portare i bambini sino all'età in cui potessero scegliere se continuare a studiare o imparare un lavoro e seguire anche questa tappa, coinvolgendo i genitori con lavori artigianali per auto sostentarsi e a aiutare la scuola, tutto sarebbe stato curato nei particolari persino l'alimentazione aveva una cura speciale in termini di bilanciamento e tipi di prodotti, (se volete, i dettagli sono nel sito della scuola http://www.escolaestreladomar.org/home/it.html), quindi decisi di appoggiarlo.

Il mio impegno era trovare fondi dall'Italia.

L'inizio ebbe luogo in un quartiere molto povero e in una casa molto vecchia, quando D. che a quell'epoca non aveva ancora conosciuto la sua attuale moglie C. tornava negli USA io seguivo le cose un pò più da vicino.

Le difficoltà erano tante e non solo per recuperare fondi, pensate che si era sparsa la voce che D. faceva questo per vendere gli organi dei bambini, l'esperienza di vita di quelle persone impediva loro di accettare il fatto, che ci fosse qualcuno che facesse questo solo per aiutare il prossimo e non per fini lucrativi o altro, (effettivamente una cosa come questa non capita tutti i giorni) gli ostacoli venivano anche dalle associazioni cosi dette "benefiche" del luogo che non perdevano occasione per mettergli i bastoni tra le ruote, mi ricordo lo sconforto, non capivo il perché di questa ostilità, anche gli atteggiamenti dei genitori dei bambini non aiutavano, e il personale addetto, anche se sapeva benissimo che si stava facendo tutto questo solo per dare a quei bimbi un futuro migliore e che a quell'epoca D. stava usando le sue proprie risorse finanziarie, non perdevano occasione per trovare modi subdoli per cercare di spillargli del denaro.

Devo ammettere che D. e sua moglie C. hanno avuto una pazienza certosina e una dedizione straordinaria, dopo un anno la sede cambiò, si trasferì in una casa con un giardino minore ma con una struttura più ampia e sicura, ospitava 23 bambini, il mio lavoro dava qualche frutto ma non quelli sperati e cominciavo a perdermi d'animo, quando un giorno, un amico mi disse che una sua amica aveva un'amica (scusate il gioco di parole) che sarebbe arrivata a giorni, questa signora purtroppo aveva recentemente perso il figlio in un incidente aereo e voleva realizzare un progetto del figlio che era appunto quello di creare una struttura per aiutare i bimbi poveri del Brasile.

Mentre il mio amico parlava senti nuovamente quella sensazione e ho pensato CI SIAMO, chiesi di combinare un incontro al più presto, per essere il primo, visto che avrebbe valutato altre possibilità, quindi ho rispolverato alcune vecchie tecniche e con tutte le intenzioni più buone del mondo mi sono preparato, ho visualizzato tutto, cosa avrei detto, fatto e l'obbiettivo finale.

La sera dell'incontro ho fatto in modo di mettermi seduto vicino a lei e ho cominciato il mio lavoro.

Devo ammettere che in quell'occasione ho usato alcune forme di comunicazione che possono essere considerate lievemente manipolative, per far pendere l'ago della bilancia a favore dei nostri bimbi, ma ad oggi non me ne pento, di fatto non ho detto nessuna bugia e omesso nessuna verità, il progetto era ed è limpido trasparente e molto valido e le persone che lo promuovevano oneste e di fiducia.

Dopo alcuni giorni e dopo aver valutato altre possibilità questa signora, ci comunicò che avrebbe appoggiato il progetto, e avrebbe dato all'associazione il nome del figlio.

Grazie a questa persona e al desiderio del figlio, ma anche a D. e C. che l'hanno curata e coccolata come una bimba, la scuola oggi è una struttura molto importante, ospita oltre 120 bambini ed è in continua crescita. Fatevi un giro nel sito, vi darà la sensazione di respirare aria pura in mezzo all'inquinamento dei giorni nostri.

Oggi seguo la cosa da lontano, ma è stata una tappa importantissima della mia vita.

Facendo un passo indietro ai primi tempi della scuola, un giorno D. mi chiese se potevo aiutare alcuni bimbi con i fiori di Bach e insegnare alle maestre alcune tecniche leggere che potessero essere applicare sui bambini.

Quella richiesta mi diede immediatamente nuova linfa vitale e mi misi subito all'opera, aveva risvegliato qualcosa che si era assopita dentro di me.

Ricominciai nuovamente a studiare i testi ma anche a fare nuove ricerche e sperimentare nuove tecniche, dopo pochi mesi decisi di aprire uno studio dove avrei lavorato con le terapie alternative.

Mi resi subito conto che nessuno conosceva la kinesiologia e la guardavano tutti da lontano, alcuni con diffidenza alcuni con interesse, la cosa provoco interesse, fui invitato da alcune tv locali e da una radio per illustrare il mio lavoro. La maggior parte delle persone che chiamava voleva sapere se questo tipo di terapia era convenzionato con le assicurazioni o con quella che è la nostra mutua, i clienti che avevo erano molto selezionati e di alto livello culturale, ma non sufficienti per coprire le spese di un affitto, una segretaria, le bollette e ricompensare il mio lavoro.

Fui invitato a collaborare con alcuni centri benessere, mi ricordo di una dottoressa che mostrandomi la struttura che stava per essere terminata, mi chiese di cosa si trattava. E quando cominciai a spiegare che abbraccia tante tecniche e lavora praticamente con tutto, muscoli, neuro linfatici, neuro vascolari, alimentazione, fiori, e tanto altro perse il sorriso, portò le braccia al petto in chiaro segno di chiusura e mi disse, va bene va bene, poi entro in contatto... E non si fece più sentire.

Non avevo molto lavoro quindi sfruttavo il mio tempo nella ricerca di cose nuove, un bel giorno trovai un articolo sull' EFT (emotional freedom technique) proveniva dalla TFT una tecnica che lavora sui meridiani dell'agopuntura, ma senza il bisogno degli aghi, L' avevo studiata superficialmente anni prima ma era stata molto migliorata e semplificata, entrai a capofitto in questa novità, cominciai ad usarla con ottimi risultati e visto che può essere auto applicata e si può fare a distanza, praticamente con gli stessi risultati, considerando il fatto che da Maceió posso aiutare una persona che vive in qualsiasi parte del mondo, a condizione che abbia un telefono o internet, il vantaggio è grande, quindi chiusi lo studio e apri un altro sito e quindi ora lavoro così, comodamente da casa mia, su appuntamento e senza le spese di affitto, segretaria, bollette, trasporto etc... molto meglio no?

Più avanti magari, comincerò a fare anche qualche corso, per diffonderla meglio e dare alla gente la possibilità di impararla.

Decisi di scrivere un e book sulle terapie alternative. L'obiettivo era ed è aiutare le persone a raggiungere un buon equilibrio psicofisico e poi mantenerlo, dopo alcuni giorni dall'inizio apparvero il traduttore ed il tecnico che mi ha realizzato il sito e curato la parte del layout e immagini, a quel punto la poca preoccupazione che era rimasta, sparì.

L'aiuto di E.(il webdesigner del sito) è stato fondamentale, mi diede anche idee molto interessanti come quella di girare ed includere dei piccoli filmati (casalinghi, realizzati nel mio giardino) per mostrare i punti e come stimolarli. Devo dire che E. ha fatto proprio un ottimo lavoro.

Ora, l'e-book è in vendita online, ancora non è molto visibile ma con il tempo otterrò sicuramente dei buoni risultati http://www.ebooksaudeebemestar.com.br/ .

Stavo quasi per dimenticare, mi sono anche buttato nell'edilizia.

Estate 2008, pranzone a casa di un amico, a Praia do Frances, tra una grigliata, una caipiroska ed un tuffo in piscina entriamo nel discorso di come si stava bene lì, che la lottizzazione era bella, che la località era in forte crescita, che i lotti erano ancora a buon mercato, e che non se ne trovavano quasi più, cosi preso dall'euforia del momento gli chiesi se sarebbe riuscito a trovarmene uno da quelle parti. Così magari più avanti mi sarei costruito una casa anche in quella location.

Non mi ricordo cosa mi rispose, ero alticcio, ad ogni modo mi chiama qualche giorno dopo e mi dice che c'era un terreno disponibile di fianco a casa sua, i fumi dell'alcool erano passati ma continuava a sembrarmi una buona idea, mi sono preso un pò di tempo per pensarci in quanto avevo già molta carne al fuoco, una casa confinante a quella dove vivo che avevo comprato anni fa e che affitto ai turisti e oltre a questo la gestione della villa di alcuni amici che tempo fa hanno deciso di fare un investimento, quei miei ex colleghi di lavoro e amici , ricordate? beh proprio loro...

Mi sembrava molta cosa, così ho lasciato perdere... per quella settimana. Infatti poco tempo dopo avevo comprato due terreni confinanti, con l'intenzione di farci poi qualcosa più avanti.

Con il passar del tempo ebbi l'idea non più di edificare una casa ma degli appartamenti, ho pensato, realizzo un piccolo residence, 12 appartamenti con la piscina in mezzo.

Volevo farlo, ma di edilizia non capivo nulla...

Alcuni giorni dopo incontrai il mio amico M., quello del ristorante sulla spiaggia, lui aveva già costruito una pousada e anche un piccolo residence tipo quello che volevo fare io e siccome è una persona seria e di fiducia ho dato a lui la gestione del cantiere, beh... sappiate che non è stato facile far lavorare il personale, c'era un costante controllo per evitare che si imboscassero nei vari angoli a pisolare, a volte mi veniva da sorridere perchè mi ricordavano me, quando avevo 19 anni e lavoravo in officina meccanica, stavo fuori tutta la notte a far baldoria e di giorno mi addormentavo in piedi, così appena potevo, mi imboscavo nei cassoni dei pezzi a schiacciare un pisolo, altri tempi... e guarda come cambiano le posizioni nella vita.

Oggi sono praticamente finiti e sono anche venuti bene, mi sto muovendo per cominciare a venderli, uno lo tengo per me e gli altri li vendo o forse ne vendo qualcuno e altri li affitto in attesa che aumentino ancora di valore, vedrò... Per info sui miei immobili:

http://www.brazilrealproperty.com/viewad.asp?id=50004980714100043

Cosa farò dopo? Non so, forse... mi rilasso, forse...

Questo è stato il mio percorso ad oggi in questo paese. Non male per qualcuno che voleva fare solo vacanza vero? Si lo so cosa pensate... "sei andato lì per stare tranquillo e poi guarda quanto lavori!" Di fatto, stare qui mi stimola la creatività e mi dà energia per fare, e comunque non ho perso la buona abitudine di spassarmela, dove sono io fa caldo praticamente tutto l'anno e con il bel tempo si sa che l'umore e l'organismo ne traggono grandi benefici.

Da allora tutti gli anni faccio un saltino Italia, la cosa strana è che andarci per me è un peso, la gente non ci crede ma è cosi, preferisco passare l'inverno qui piuttosto che l'estate là, una capatina la faccio per visitare mia madre e mia sorella, ma rimango il minimo indispensabile 15/17 giorni, mi faccio addirittura un piano delle cose da fare per poter calcolare i giorni, pensate che quando arrivo in Portogallo già mi girano le scatole, e quando atterro a Bologna comincio a sentirmi a disagio.

Ci sono anche momenti belli è chiaro, ma dopo aver visto che parenti ed amici stanno bene e dopo aver mangiato le tagliatelle e i tortellini di mamma, ho già voglia di tornarmene a casa.

Tutto sommato è una cosa positiva, se ancora mi piace tanto stare qui, vuol dire che a suo tempo ho fatto la scelta giusta.

Ogni tanto incontro qualcuno magari anche con notevoli possibilità economiche, che mi dice la solita frase: prima o poi anche io mi trasferisco, ma adesso non posso perchè bla bla bla, queste persone rimarranno sulla porta di casa tutta la vita e qualcuno di loro la lascerà scorrere senza viverla, ed è un peccato.

Se avete la voglia le possibilità e le condizioni, non fate come me che ho perso tempo, ho aspettato sino a 45 anni!!

Mauro Alvisi

Fortaleza/Natal/Recife: Stefano Marchese

La mia nuova Vita nel Rio Grande Do Norte

Mi chiamo Stefano Marchese e sono un imprenditore di Roma. Da 3 anni frequento il Brasile e per un anno e mezzo vi ho vissuto stabilmente; più precisamente nel Nordest del paese, dividendomi fra le località di Praia Da Pipa (paradiso naturalistico situato a 80km. A sud di Natal e dove per circa un anno ho gestito una pousda) e le città di Recife e Fortaleza.

Il mio contatto col Brasile è stato casuale, sulla scorta dei racconti fiabeschi di miei amici rappresentanti, al tempo in cui ancora gestivo una attività commerciale a Roma: incuriosito dalla apparente semplicità e redditività di investimenti in quel paese ho accompagnato uno di loro per verificare di persona. Il mio lavoro non mi consentiva a quell'epoca di rimanere troppo a lungo, ma in soli 5 giorni, preso dall'entusiasmo, mi risolsi comunque a comprare un appartamento (in un quartiere residenziale di Recife). Tornato a Roma contattai tramite l'ambasciata brasiliana un avvocato italiano, residente a Fortaleza che tramite suoi contatti in loco fece una visura dell'unità immobiliare e dell'impresa di costruzione, rassicurandomi infine sulla validità dell'affare. É stato il primo di una serie di altri investimenti immobiliari: di lì a poco avrei aperto una società immobiliare con altri 3 investitori italiani allo scopo di meglio gestire le nostre proprietà.

D: Qual è il luogo comune più falso sul Brasile?

Appunto che sia tutto semplice e redditizio... nonostante la relativa facilità e convenienza del mio primo estemporaneo investimento ho dovuto poi penare non poco per riuscire a condurlo a reddito, passando per una serie interminabile di raggiri da parte di persone apparentemente di fiducia (fidanzate, agenti immobiliari, mediatori, artigiani, inquilini, etc...) e avendo comunque già previamente schivato personaggi da subito rivelatisi inaffidabili; dico questo non per scoraggiare gli aspiranti investitori ma piuttosto per consigliar loro di armarsi di pazienza e cautela; dopodichè con sano realismo e scegliendo i referenti giusti si potranno fare anche dei cospicui affari...

D: Sempre più persone decidono di lasciare l'Italia per inseguire altrove il proprio sogno. Di chi sono le responsabilità?

Dovremmo aprire un capitolo molto esteso che probabilmente occuperebbe altrettanto spazio di questo libro... siamo purtroppo pedine in un gioco di strategie geopolitiche in cui i più fortunati – anche solo per indole avventurosa – tentano di collocarsi nei pochi spazi ancora lasciati accessibili alla speranza e all'ambizione personali

D: E tu, quando hai capito che il tuo sogno l'avresti realizzato all'estero?

Ho sempre avuto la grande fortuna, o forse l'accortezza, di lasciare la barca, qualunque fosse l'attività identificabile di volta in volta con questa metafora, poco prima che affondasse... già da qualche anno avevo ravvisato i sempre più inquietanti segnali della crisi prossima a venire e che avrebbe vanificato irrimediabilmente, senza una pronta reazione, gli investimenti fatti in 10 anni di duri sacrifici nell'ambito del commercio e, credo, abili incursioni nell'immobiliare... così nel 2008 riuscii a vendere la mia attività e, pur perdendo parecchi soldi, dovendo praticare un prezzo di riscatto appetibile, riuscii a liberarmi per potermi dedicare alla nuova avventura

D: Come si vede la nostra stanca Italia da laggiù?

In questo recente anno e mezzo ho seguito in effetti più le sorti del nostro paese che di quello di adozione... l'Italia soffre ormai da quasi vent'anni una crisi irreversibile dovuta alla svendita colpevole di gran parte dei propri asset industriali, all'esproprio della sovranità monetaria (da parte della banca d'Italia prima e dalla BCE poi, banche PRIVATE, ricordiamolo ai tanti ignari) ed infine ma non ultima, alla rinuncia anche della sovranità politica (lasciata dai nostri governanti incompetenti e corrotti appannaggio dei ben più scaltri lobbisti dell'unione europea e dei loro più alti referenti mondialisti)...

D: Il tuo posto segreto ....

Purtroppo finora non ho mai avuto tanto tempo per fermarmi e godere del Brasile: anche la pousada, oggetto del desiderio di molti nostri concittadini con tutto il suo portato di fantasiosa iconografia si è rivelata un'attività tutt'altro che redditizia e leggera: il Brasile è ormai un paese estremamente competitivo e la professionalità e la qualità sono ormai dei must, soprattutto per noi stranieri che dobbiamo eccellere rispetto ai brasiliani inevitabilmente favoriti dallo "giocare in casa"... ammetto che un ruolo fondamentale a lenire la fatica di capire un paese solo apparentemente facile da interpretare, hanno avuto le donne, depositarie di sensualità e femminilità fuori dal comune: basta una lasciva carezza, che una brasiliana dispensa generosamente anche ad uno sconosciuto come intercalare in una occasionale conversazione, per far apparire tutto molto più gioioso e piacevole

D: E' pentito della sua scelta?

No. Lamento con amarezza il fatto che non sia possibile costruire il proprio benessere nella nostra patria e si debba anche con sdegno voltare lo sguardo verso mete più accoglienti... d'altra parte l'alternativa sarebbe stata investire in altri paesi emergenti, come India, Cina o Russia, ma la prossimità culturale, il clima favorevole e... perchè non ammetterlo, le grazie femminili inarrivabili hanno fatto la differenza nell'orientare la scelta.

Stefano Marchese

CAMBIA VITA CON ERIKA BREVEGLIERI

Mi chiamo Erika Breveglieri e mi occupo di International Business ed offro consulenza a chi vuole investire e trasferirsi all'estero e viceversa per chi dall'estero vuole venire in Italia. Più precisamente opero nei seguenti settori a livello internazionale:

- TRASFERIMENTI ALL'ESTERO

- REAL ESTATE

- GESTIONE IMMOBILIARE TURISTICA E COMMERCIALE

- HOME STAGING

La mia struttura, ad oggi, conta ben 12 referenti diretti nel mondo, uno di questi è l'autore di questo splendido ed unico libro. E' attiva da tre anni e si rinnova costantemente, inserendo sempre nuove destinazioni ed opportunità nel mondo immobiliare e non solo.
Diventa così l'unica struttura in Italia, in grado di offrire una VERA CONSULENZA a chi vuole investire, trasferirsi all'estero e non solo. Lavorando con referenti diretti in loco, il cliente viene seguito dall' Italia in tutte le fasi più delicate del suo progetto senza doversi spostare più e più volte, spendendo tempo e denaro preziosi.
Ad oggi operiamo in diversi paesi, tra cui il BRASILE, MESSICO, PANAMA, COSTA RICA, STATI UNITI, CAPO VERDE, KENYA, TUNISIA, EGITTO, ZANZIBAR, SPAGNA, FRANCIA, ROMANIA e BULGARIA. Abbiamo quindi la visione globale dei mercati immobiliari e di queste realtà socio-economiche. Possiamo quindi consigliare e guidare il cliente in modo obbiettivo, rispettando le sue esigenze e realizzando il suo PROGETTO DI VITA in modo sicuro e concreto.
I nostri clienti sono tra i più diversi, abbiamo la coppia giovane, il single con socio/i a seguito, la famiglia con bambini e gli anziani pensionati, che sempre più spesso cercano la pace e la serenità in un posto caldo e tranquillo, per godersi a pieno la propria pensione.
Parlando qui nello specifico del **Brasile**, è sicuramente una delle mete più gettonate per chi vuole investire e cambiare vita, spesso però, l'errore più comune tra i miei clienti è quello di pensare che in questo paese occorrano budget molto ristretti per realizzare progetti molto ambiziosi. Uno di questi potrebbe essere l'avvio di un

ristorante, di una pousada o semplicemente l'apertura di un negozietto made in Italy. Altra cosa che noto frequentemente è la mancanza di progetti concreti e ben definiti prima della partenza, cosa che consiglio sempre e che viene assicurata ai nostri clienti durante la prima consulenza .

Se desiderate maggiori informazioni sulla mia attività visitate il mio sito, **www.erikabre.jimdo.com**

Erika Breveglieri

GUADAGNARE IN BRASILE CON IL GELATO

Loris & Loretta propongono un investimento di sicuro successo qui in Brasile.

" Siete in cerca di un'occasione per investire all'estero? Desiderate guadagnare con una attività commerciale, già sperimentata e semplice? Desiderate andarvene dal vostro Paese, ma non sapete ancora che attività intraprendere? Con la nostra esperienza maturata nel settore del Gelato Artigianale, possiamo aiutare chi ha veramente voglia di cambiare vita. In meglio naturalmente."

La nostra azienda artigianale "GIA" (Gelato Italiano Artigianale), nasce dall'idea di creare una struttura in grado di esportare la nostra esperienza nel campo della fabbricazione del gelato. E' gradito a tutti, grandi e piccini, perché è gustoso, fresco, morbido. Si scioglie in bocca, solleticando il palato e lasciando una piacevole sensazione di ristoro. Il gelato è un alimento genuino, nutriente e per niente ipercalorico, come molti potrebbero pensare. Dietologi e nutrizionisti lo inseriscono con molto piacere anche nelle diete dimagranti, perché il gelato è un bel premio alla fine di un pranzo a regime controllato, una squisitezza da assaporare come merenda o come dessert, una ghiotta occasione in veste di sostitutivo di pasto.

La nostra impresa non é un "frachising", che obbliga il cliente a dei contratti vincolanti, ma bensì una agenzia che lascia la completa libertà, al cliente, di sviluppare in seguito il proprio lavoro a proprio piacimento. Siamo una coppia di italiani che vive in Portogallo "Algarve", da quasi dieci anni. Qui abbiamo aperto una attività, di produzione di gelato artigianale (italiano), precisamente un laboratorio dove fabbrichiamo il gelato, per poi venderlo agli hotel, ristoranti e gelaterie della zona.

La nostra idea attuale é quella di dare la possibilità a chiunque lo voglia, di intraprendere questa attività, in qualsiasi parte del mondo.

Chi lo considera una bomba di calorie si sbaglia di grosso, anzi si potrebbe quasi dire che è un prodotto che può essere considerato dietetico... Tra i dolci, è addirittura quello meno calorico e meno ricco di grassi. Dal punto di vista delle proprietà nutrizionali, quello alla crema risulta essere il migliore, il gelato alla frutta è invece meno calorico, ma più povero di proteine (nella preparazione non si utilizza il tuorlo d'uovo) e di grassi (spesso al latte viene sostituito un frullato di frutta). A parità di quantità, le calorie fornite dal gelato alla crema sono 208 contro le 138 di quello alla frutta.

Se desiderate diminuire le calorie senza rinunciare al gelato, sceglietelo artigianale (contiene meno grassi concentrati rispetto a quello industriale), alla soia o a base di solo yogurt, oppure i prodotti ipocalorici, privi di grassi e con una quantità ridotta di zuccheri. Il gelato non solo è buono, ma costituisce una preziosa fonte di energia per il nostro organismo. Le uniche sostanze che mancano del tutto sono le fibre.

Secondo quanto sostengono le statistiche, la popolazione mondiale è ghiottissima di gelato: solo in Italia i consumatori sono oltre 33 milioni, con un fatturato di 4 bilioni di euro all' anno e 600 mila tonnellate di prodotto venduto e 1.479.001.944 di porzioni. Il primato mondiale pro capite! Ma oltre a farne largo uso, siamo anche bravi a farlo (del resto, non dimentichiamolo, l'abbiamo creato noi, nella Firenze del '500), tanto da far assurgere l' Italia a primo produttore al mondo di gelato artigianale. Negli USA ad esempio, il 10% della produzione di latte è destinata alla produzione di gelato. I 5 maggiori consumatori di gelato al mondo sono: USA, Nuova Zelanda, Danimarca, Australia, Belgio-Lussemburgo.

Il consumo mondiale è aumentato del 21% negli ultimi 5 anni e nuovi mercati sono in espansione in Asia, Africa e America Latina.

I consume mondiale di gelato in litri pro-capita è di:

Nuova	Zelanda	22-23
Stati	Uniti	24
Australia		18
Finlandia		14
Irlanda		13
Svezia		11.9
Canada		8.7
Italia		9.2

Danimarca	8.7
Regno Unito	8
Cile	5.6
Spagna	5
Malesia	2
Cina	1.9
Giappone	0.01

Con la nostra esperienza maturata nel settore, possiamo aiutare chi ha voglia di cambiare Paese e lavoro. Possiamo seguire passo a passo il futuro gelatiere, dalla scelta del luogo dove installare il laboratorio, all'acquisto dell'attrezzatura necessaria per la produzione del gelato, all'acquisto delle materie prime e di tutto quello che concerne il gelato: scuola, ricette (anche quelle dei gusti speciali da noi create appositamente per gli "chef" di cucina) e apertura di vari punti vendita, per poter permettere anche alle persone ancora inesperte di realizzare e mantenere sempre e ovunque lo standard qualitativo che da sempre distingue il gelato italiano artigianale nel mondo. Basta poco, un semplice laboratorio, per poter diventare il vero padrone della propria vita e del proprio tempo.

Dove aprire: principalmente in Paesi a forte sviluppo turistico annuale, oppure in grossi centri urbani ad alta densità abitativa, dove ci sia un buon numero di hotel e ristoranti di categoria medio alta.

Cosa serve: un locale di ca. 45 mq. e un investimento minimo di €45-50 mila.

Cosa offriamo: assistenza nella realizzazione del progetto. Addestramento del personale in loco, sia per la produzione del gelato che per il marketing.

Affiancamento sia prima che dopo l'apertura del laboratorio".

Per informazioni contattare:
Loris & Lorella
Cell. 00351 960-396289
Mail: loryelori@hotmail.com

http://www.ilgelatoitalianoartigianale.com

OSPITARE IN ITALIA UNA RAGAZZA BRASILIANA

Vuoi ospitare in Italia una ragazza Brasiliana? Ecco tutto quello che devi sapere... Innanzitutto sceglietela carina... in Brasile ci sono delle ragazze bellissime, siate onesti e trattatele bene e loro faranno altrettanto...

Sei stao in Brasile? Anche tu hai conosciuto una ragazza che ti ha fatto perdere la testa? Vorresti invitarla a trascorrere un periodo in Italia? Beh, allora ci sono un paio di cose da sapere assolutamente.

Innanzitutto togliti dalla testa che sia semplice.

Noi Italiani ci spostiamo tranquillamente in tutto il mondo e nessuno ci fa problemi... è chiaro, portiamo un po dei nostri "Euri" all'estero... ma per una ragazza/ragazzo brasiliano è un pò diverso, un pò più complicato.. e questo ti farà capire subito se si tratta di una semplice "cotta" o è qualcosa di più serio.

Per Quanto tempo?

Innanzitutto il periodo previsto per un visto di turismo per una ragazza brasiliana è valido solo per 90 giorni ed è improrogabile. A nulla vale il tentativo (è già stato fatto da molti in questura) di dire: " ma perchè noi Italiani possiamo stare in Brasile 90 giorni e poi prorogare per altri 90 giorni per un totale di 180 gg.? Non dovrebbe essere uguale anche per loro? ". Niente da fare, 90 giorni è il limite massimo di permanenza con visto turistico.

Cosa è necessario per entrare in Italia?

Passaporto, ovviamente, che abbia scadenza oltre i sei mesi successivi alla data di arrivo prevista, senza nessun visto particolare, pechè viaggia per turismo.

Biglietto di ritorno. E' possibile che le venga chiesto di dimostrare di essere già in possesso di un biglietto di ritorno entro i 90 giorni dalla data di arrivo prevista. Non è valida (alemno nella maggior parte dei casi) una semplice prenotazione.

Denaro: Il turista Brasiliano deve poter dimostrare di essere in grado di sostentarsi in questo periodo e di avere denaro a sufficienza per vitto e alloggio e (se ve lo state chiedendo) a nulla serve l'invito in cui dichiarate che sarete voi a occuparvi di vitto e alloggio. Lei o lui dovrà entrare in Italia (o meglio in un paese Shengen) con i soldi sufficienti a "vivere" per il periodo previsto.

Aggiungiamo un piccola nota: dimostrare i mezzi di sostentamento (il denaro) dovrebbe essere richiesto all'ingresso in uno dei paesi Shengen. Quindi se lei o lui viaggia con la Tap Air entrerà in un paese Shengen a Lisbona e quindi in Portogallo. E' li che potrebbe essere richiesta l'esibizione del denaro o dei traveller's Cheque. Non pensate quindi che potreste aspettarla in aereoporto a Venezia, Milano o Roma con il denaro in tasca. In Portogallo sono fiscali... non hai i mezzi, torni indietro! Sono gia' successe queste scene... dopo aver acquistato un biglietto andata e ritorno per oltre 1.000 euro non potete rischiare con questo.

Un consiglio. Se la fate arrivare direttamente in Italia è sicuramente più facile. Vi consigliamo quindi di acquistare un diretto Brasile Italia. Insomma. Per ospitarla dovrete (a meno che lei non li abbia già) inviarle qualche migliaio di euro. E adesso vediamo se avete veramente fiducia in lei...

TABELLA PER DETERMINARE I MEZZI DI SUSSISTENZA DI UN TURISTA IN ITALIA

Durrata del viaggio In giorni	Num. di persone Un viaggiatore	Due o più persone (per persona)
Da 1 a 5 giorni (valore fisso)	Euro 269,00	Euro 212,81
De 6 a 10 giorni valore giornaliero a persona	Euro 44,93	Euro 26,33
De 11 a 20 giorni (valore fisso)	Euro 51,64	Euro 25,82
Più valore giornaliero a persona	Euro 36,67	Euro 22,21
Oltre i 20 giorni (valore fisso)	Euro 206,58	Euro 118,79
Più valore giornaliero a persona	Euro 27,89	Euro 17,04

Cosa è necessario fare una volta in Italia?

Una volta arrivata, beh godetevi la prima giornata con lei, ma non è finita... Entro 2 giorni dovete dare comunicazione nel vostro comune di residenza del nuovo "ospite" e fare un documento di "cessione" ad uso gratuito di fabbricato. E' un documento in cui dichiarete che abiterà da voi gratuitamente (ospite) ed affinchè il comune sappia che risiede da voi. Non costa nulla.

Beh, ragazzi, l'ultima cosa che vi rimane da fare è godervi questo periodo assieme...

BRASILE-ITALIA: IL SORPASSO

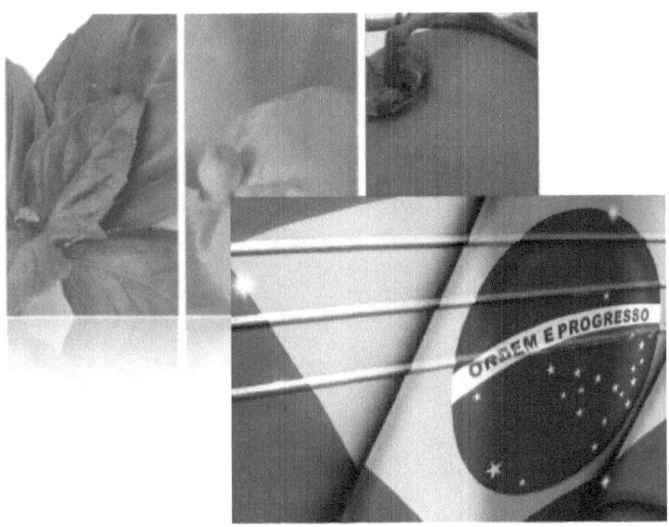

Gli organi d'informazione brasiliani stanno dando ampio risalto alla notizia, apparsa sul "Corriere della sera", dell'imminente sorpasso dell'economia brasiliana ai danni di quella italiana. Il quotidiano milanese prevede che il rovesciamento delle posizioni storiche possa avvenire entro un quinquennio. Il giornale riporta: «(…) il Brasile ha già superato l'Italia se si considera il pil a parità di poteri d'acquisto (cioè in rapporto ai prezzi interni del paese). E a un certo punto nei prossimi cinque o sei anni, un po' prima o un po' dopo secondo i tassi di cambio e di crescita, avverrà anche il sorpasso del Brasile sull'Italia in termini assoluti. (…) sono tendenze come queste a spiegare perché oggi i grandi gruppi industriali italiani (…) puntino a rafforzarsi dove vedono più crescita e più potere d'acquisto complessivo in futuro. Non solo dove i costi di produzione sono più bassi». Commentando il pezzo pubblicato dal "Corriere", sottolineava come tradizionali potenze economiche mondiali quali l'Italia debbano «oggi far fronte a situazioni prima considerate tipiche dei paesi in via di sviluppo. Ad esempio l'enorme deficit pubblico, l'alto tasso di disoccupazione e il diffuso indebitamento della popolazione». La rete televisiva con sede a São Paulo evidenziava che il prodotto interno lordo italiano, secondo dati appena diffusi, è sceso del 4,9 per cento nel 2009 e che per l'anno in corso non vi sono eclatanti prospettive di ripresa. Il pil brasiliano, al contrario, nel 2009 è rimasto sostanzialmente invariato e, secondo stime del Banco Central, nel 2010 crescerà del 5,5 per cento.

IL XXI SECOLO SARA' IL SECOLO DEL BRASILE

All'inizio del 2009 numerosi economisti affermavano che il Brasile, insieme agli altri mercati emergenti, avrebbe risentito in modo grave della crisi economica che stava attraversando il mondo. Ad un anno di distanza la situazione appare molto diversa da quanto ci si aspettasse e le prospettive per il 2010 parlano chiaro: il Brasile è stato uno dei paesi ad entrare più tardi nella crisi e uno dei primi ad uscirne. Per questa ragione la ripresa dell'economia brasiliana, apparsa evidente già dalla metà del 2009, è destinata a continuare anche quest'anno: per il 2010 il governo di Brasilia si aspetta una crescita del 5% del PIL. I risultati economici del governo di Lula avranno conseguenze importanti anche sulla situazione politica del Brasile; tali performance, infatti, non potranno che influenzare l'esito delle elezioni federali che si terranno in ottobre.

Per molte testate del Primo Mondo è l'uomo dell'anno e una delle personalità più influenti del pianeta. Come la collega cilena Michelle Bachelet lascerà il potere all'apice della popolarità e, come lei, non cerca la rielezione, ossessione di molti presidenti latinoamericani. El Mundo ha intervistato Inacio Luiz Lula da Silva e in fondo è bello chiudere l'anno con il primo presidente sindacalista del Brasile. Chi vuole leggere l'intervista in lingua originale la trova qui: http://www.elmundo.es/america/2009/12/29/brasil/1262057660.html

I brasiliani usavano dire che il loro Paese era "il Paese del futuro", ma di un futuro lontano... crede che finalmente sia arrivato?
Sono convinto che il XXI secolo sia il secolo del Brasile. Viviamo un momento eccezionale. Nonostante la crisi, abbiamo creato quest'anno più di 1,4 milioni di posti di lavoro, mentre un milione di posti di lavoro è stato sacrificato nei Paesi ricchi. Anche gli investimenti hanno ripreso a crescere in modo vigoroso e in tutti i settori dell'economia si respira ottimismo e fiducia. Abbiamo conquistato la stabilità democratica per la solidità delle istituzioni e per il rispetto delle libertà civili e stiamo vincendo la più grande delle nostre sfide: ridurre la povertà e le disuguaglianze sociali.

Il suo Governo è riuscito a ridurre la povertà, è un fatto. Un vecchio proverbio cinese dice: "Regala un pesce a un uomo e lo alimenterai per un giorno, insegnagli a pescare e lo alimenterai per il resto della sua vita". Lei crede di aver fatto assistenzialismo o di aver tolto dalla povertà persone che potranno valersi per se stesse quando termineranno i programmi di aiuto? Ha regalato pesce o canne da pesca?
E' un proverbio molto popolare anche in Brasile. Per questo non

stiamo regalando niente. Quello che stiamo facendo è aiutare le persone ad aiutare se stesse. Le famiglie ricevono aiuto solo se tutti i figli hanno un buon rendimento scolare e la famiglia riceve attenzione medica. Con questo ci assicuriamo che la prossima generazione di brasiliani avrà tutte le condizioni per contribuire produttivamente alla società, senza più essere prigioniera della povertà o dell'assistenzialismo, che l'unica cosa che ottiene è riprodurre povertà.

Quest'anno abbiamo visto un elicottero della polizia abbattuto da malavitosi a Río de Janeiro. Non è la droga il grande nemico della democrazia in America Latina? Cosa ha fatto il suo Governo? E' un problema che può essere affrontato da ogni Paese o sarebbe necessaria un'azione politica coordinata tra vari Paesi colpiti dallo stesso problema?
Nell'ambito dell'UNASUR si sta creando un consiglio dedicato a combattere il narcotraffico. Parte della soluzione di questo complesso problema è la riduzione della povertà e delle disuguaglianze. Un'altra parte è la creazione di opportunità di istruzione per tutti.

Oltre che per le dichiarazioni retoriche, servono a qualcosa i vertici dei Paesi dell'America Latina? Mi citi un risultato concreto.
I vertici regionali sono opportunità, soprattutto perché i leaders costruiscano un dialogo e fiducia mutua. I suoi risultati pratici sono patenti nel consolidamento dell'integrazione regionale con il Mercosur e l'aumento del commercio regionale. Più recentemente l'UNASUR ha già dimostrato il suo valore per mezzo di un'azione efficace per contenere la minaccia alla stabilità boliviana in un momento di grande tensione politica.

Ha causato stupore vederla ricevere il presidente dell'Iran, un dittatore la cui vittoria elettorale è stata messa in discussione e che ha represso sanguinosamente l'opposizione. Sorprende che qualcuno che ha lottato contro una dittatura si pieghi a

questo. Cosa ha da dire?

Il presidente dell'Iran Mahmud Ahmadineyad si è presentato alle elezioni e ha ottenuto il 62% dei voti. Nonostante le discussioni dell'opposizione, si sono celebrate delle elezioni all'interno di regole in cui non si è vulnerata la Costituzione del Paese. Abbiamo con l'Iran una relazione commerciale densa e non crediamo che mettendolo contro la parete lo attrarremmo alle buone cause. E' necessario creare uno spazio per il dialogo e la conversazione, per non provocare una reazione controproducente.

Il Brasile si è impegnato molto nella crisi in Honduras e poco o niente nella tensione tra Colombia e Venezuela. Perché? Visto con la prospettiva del tempo, non è stato un errore dare asilo nell'ambasciata brasiliana al presidente Zelaya?

Nel caso di Colombia e Venezuela, il Brasile ha sviluppato a diversi livelli, compresa l'UNASUR, un atteggiamento moderatore ed è arrivato a proporre uno schema di monitoraggio della frontiera, anche con la collaborazione della Spagna. In quanto al golpe contro il presidente Zelaya, la posizione brasiliana è stata chiara, in sintonia con la nostra tradizione diplomatica e con le manifestazioni della comunità internazionale; non c'è più posto per i colpi di Stato in America Latina.

Il suo ministro e candidata Dilma Rousseff non ha il suo carisma. Crede che questo possa pregiudicarla nelle elezioni del prossimo ottobre?

Vedo la prospettiva elettorale con molto ottimismo. Abbiamo una candidata di grandi qualità, che conosce molto bene il governo e ha una grande sensibilità sociale, grande capacità di leadership e di gestione della macchina pubblica.

REAL BOOM, EURO A PICCO

Il Real, che ieri é stato quotato a 2,29 euro, dopo aver toccato anche quota 2,19, ha raggiunto il proprio massimo storico sulla moneta europea, che nelle ultime settimane é affondata sotto i colpi della valuta brasiliana. Restano cosí soltanto un ricordo le quotazioni intorno a 3,40 (con picco di 3,43) che si registravano alla fine del 2008, in piena crisi finanziaria internazionale.

Quali le ragioni del fenomeno? Se da un lato la divisa del Vecchio continente «si trova certamente nella fase più difficile da quando è stato creato», per dirla con la cancelliera tedesca Angela Merkel, causa «gli elevati deficit della Grecia e la perdita di credibilità», le esportazioni e le importazioni verdeoro, nel mese scorso, hanno fatto registrare il record di sempre per il mese febbraio. Il dirigente del Ministero dello Sviluppo Welber Barral ha rimarcato che l'aumento non si é verificato solo nei confronti del 2009 – annata segnata dalle note turbolenze finanziarie – ma anche rispetto al 2008, «che é stato un anno eccezionale». L'incremento ha toccato soprattutto l'import, cresciuto del 50,8 per cento rispetto al febbraio 2009, mentre l'export, rispetto allo stesso periodo, é aumentato del 27,2. Barral ha poi spiegato che in Brasile esiste una correlazione stretta tra importazioni e esportazioni, con le prime che tendono a crescere ogniqualvolta si registra un aumento delle seconde.

LA BORSA DI SAN PAOLO PRIMA AL MONDO PER CRESCITA

In un momento in cui tutti i paesi registrano una forte crisi le imprese e la borsa Brasiliana sono in forte aumento

(ANSA) – SAN PAOLO, 27 OTT – La Borsa di San Paolo (BM&F Bovespa) ha fatto registrare negli ultimi dodici mesi un rialzo di 121% in real e di 188% in dollari, il piu' alto al mondo dopo la crisi globale.

L'indice Bovespa era sceso a 29.435 punti il 27 ottobre del 2008, in conseguenza della deflagrazione della crisi globale, ed e' arrivato oggi a 65.470 punti. Il valore di mercato delle 443 imprese quotate alla Bovespa era di 1,1 miliardi di real (circa 440 milioni di euro), ed e' arrivato oggi 2,3 miliardi di real.

Delle azioni piu' forti a San Paolo, l'impresa mineraria MMX e' salita del 473%, il Banco do Brasil 178%, la Petrobras 115% e la Vale do Rio Doce 111%. Le commodities come petrolio e minerali hanno la parte del leone nella Bovespa: la sola Petrobras rappresenta il 18% del valore totale. Rispetto al 188% di San Paolo, la Borsa di Bombay e' salita del 119%, quella di Hong Kong del 105%, quella di Citta' del Messico 82% e quella di Shangai 81%. La Borsa di

Francoforte ha riguadagnato il 53%, Londra il 40%, la Dow Jones il 20% e la Nasdaq il 42%. Secondo gli osservatori, le ragioni per il boom della Bovespa sono il forte ingresso di capitali stranieri in Brasile, l'architettura macroeconomica dimostratasi molto solida durante la crisi, il parco industriale molto diversificato, risorse naturali tra le maggiori al mondo e un buon livello di servizi.

FONTE (ANSA)

Recessione / La crisi? Negli Emergenti non si sente. In Italia uno su due è pessimista

Finalmente si dorme! Già perché con la crisi economica, secondo quanto dicono gli esperti delle più importanti organizzazioni internazionali come Ocse e Fondo Monetario Internazionale, ormai alle spalle i consumatori di tutto il mondo possono tornare a fare sonni tranquilli. Secondo la Doxa, infatti, che ha appena reso pubblici i risultati di uno studio del gruppo Win (Worlwide Independent Network Of Market Research), condotto in 22 Paesi del mondo e che ha monitorato la percezione della popolazione rispetto alla crisi economica in corso, almeno uno su due degli intervistati (il 54%) ha sofferto di almeno uno di questi quattro disturbi psicologici (considerati conseguenza diretta della recessione): disturbi del sonno (26%), stati d'ansia (40%), depressione (18%) e stress (40%). E ne hanno risentito maggiormente i cittadini di Giappone, Russia, Libano, Usa e Messico mentre in misura minore la popolazione di Olanda, Austria, Italia, Spagna e Brasile.

La ricerca prende in esame i diversi ambiti economici toccati dalla crisi (reddito personale, mercato immobiliare, stabilità delle banche e del mercato azionario, tagli alle spese, fiducia nei governi) e indaga sugli effetti psicologici da essa prodotti nei cittadini. In generale dalla ricerca emerge che Brasile, Canada e India sono i Paesi che risentono meno della crisi, nei quali il livello di ottimismo è superiore o uguale alla media e anche i tagli alle spese e le conseguenze psicologiche sono più contenuti. I più colpiti sono invece Francia, Giappone, Messico, Argentina e Islanda.

Per quanto riguarda il futuro, dall'indagine risulta che i consumatori stiano lentamente riguadagnando fiducia nelle condizioni finanziarie del proprio Paese e che il livello di pessimismo sia considerevolmente diminuito, rispetto all'indagine precedente svolta nel marzo 2009. Quasi la metà (45%) degli intervistati ritiene che la situazione economica rimarrà invariata nei prossimi tre mesi, mentre il 19% pensa che migliorerà e il 31% che peggiorerà. E cresce anche la fiducia nella stabilità e solidità del mercato azionario. Relativamente ai consumi, almeno uno su due (il 54%) dichiarano di aver tagliato le spese (soprattutto per abbigliamento/calzature/accessori e divertimenti).

FOCUS ITALIA. Sintetizzando i risultati dell'indagine Doxa su un campione di circa 1000 intervistati, l'Italia si colloca tra i Paesi in cui il livello di pessimismo è piuttosto alto, con tagli alle spese consistenti. Anche se non ci sono stati grandi effetti sulla salute psicologica della popolazione. Nello specifico dalla ricerca emerge che quasi la metà degli italiani (49%) è convinto che la situazione economica dell'Italia rimarrà invariata nei prossimi sei mesi, mentre il 31% ritiene che peggiorerà. Solo il 17% degli intervistati è ottimista e convinto che le condizioni finanziarie del Paese miglioreranno

Fonte http://www.affaritaliani.it/

I tartassati tra Italia e Brasile. Doppia tassazione per i pensionati italiani in Brasile.

Ogni anno l'Inps eroga 1,3 miliardi di euro per un totale di circa cinquencentomila trattamenti tra pensioni di anzianità, vecchiaia, invalidità e superstiti. Di queste, il 40%, il cui importo medio per assegno è di 212 euro, viaggiano in Europa mentre il resto segue le rotte "storiche" dell'emigrazione italiana. Poco meno di 120mila, vanno verso gli Stati Uniti e il Canada, 72.565 viaggiano per l'America meridionale, in Oceania arrivano quasi 58.531. Altre, infine, sono smistate verso lidi più esotici: dal Perù al Marocco da Capo Verde alla Repubblica Dominicana.

Il turismo previdenziale oramai non conosce confini, i motivi principali che spingono i nostri connazionali ad emigrare sono la crisi galoppante la constante erosione dei redditi, la componente importantissima nella scelta del Paese é il cambio vantaggioso che restituisce un buon potere d'acquisto.

In pratica gli italiani dopo aver lavorato e maturato in Italia tutti i requisiti, scelgono di emigrare per inseguire stagioni più temperate e uno stile di vita migliore di quello che altrimenti si potrebbero permettere, da pensionati, nel nostro Paese. Con la Finanziaria del 2003 inoltre è stato garantito anche ai pensionati italiani all'estero la pensione minima pari a 516,46 euro al mese. L'Inps solo dallo scorso anno ha cominciato a prendere in esame il fenomeno, risulta infatti che moltissimi pensionati si trasferiscono non rinunciando comunque alla residenza nella Penisola. Dallo studio eseguito dall'Inps a fine del 2008, risulta che le comunità di pensionati esteri più grandi restano quella francese (con oltre 63mila titolari di prestazioni previdenziali), quella argentina (50mila), quella canadese (48mila) e quella statunitense (47mila). Sono di importi tra i 630 e i 1.687 euro quelle erogate ai nostri pensionati residenti nei paesi dell'Estremo oriente. Mentre in Europa é il Principato di Monaco che detiene il primato, infatti, l'importo liquidato ai nostri connazionali raggiunge i 1.202 euro. A Malta gli importi erogati sono in media di 2.109 Euro. La graduatoria risultante dallo studio elaborato dall'Inps segnala inoltre che non se la passano male neppure i pensionati che risiedono in altri Paesi extracomunitari . Il primo posto lo ha conquistato il Messico dove, l'importo medio liquidato mensilmente é di 842 euro, nella Repubblica Domenicana é di 815 euro, in Marocco sono 797 gli euro erogati, in Egitto si raggiungono i 788 euro e in Tunisia la somma media raggiunge i 733 euro.

Un'amara sorpresa l'ha avuta chi ha scelto di trasferirsi in Brasile, infatti, un migliaio di pensionati italiani residenti in alcuni Stati della Federazione brasiliana, sul totale di 10.931 presenti sul territorio, da circa nove anni hanno ingaggiato una battaglia a colpi di carte bollate con il Fisco tricolore.

Vediamo nel dettaglio qual'é la storia di questo contenzioso che sta creando notevoli problemi ai nostri connazionali. Dopo una vita di lavoro e dedicazione al nostro Paese si vedono emarginati e discriminati per aver scelto di andar a trascorrere la meritata pensione in un Paese dove ancora si puó vivere dignitosamente. L'ennesima burla tutta italiana

1978: Italia e Brasile stipulano un accordo teso ad evitare la doppia tassazione dei redditi. Per 22 (ventidue) anni tutto fila liscio, i pensionati italiani residenti in Brasile pagano nel paese di residenza le imposte dovute, le pensioni vengono regolarmente erogate dagli Enti previdenziali italiani senza alcuna trattenuta di imposte in base all'art 19.4 dell'accordo stipulato fra i due paesi. Anno 2000 ministro delle finanze Visco (Governo Prodi) Sorpresa... Sorpresa...
Ai pensionati italiani residenti in Brasile vengono improvvisamente, senza alcuna comunicazione preventiva, trattenute alla fonte le somme relative all'"Irpef dovuta" calcolata sulle pensioni erogate dall'INPS e dagli altri Enti previdenziali. In pratica, in base ad un'allucinante interpretazione di qualche fantasioso "interprete in lingue straniere", il Direttore centrale dell'Ufficio Fisco Internazionale Vincenzo Busa firma il 22 luglio del 2003 una circolare la 41/2003 che obbliga l'INPS e gli altri Enti erogatori a trattenere, in qualitá di sostituti d'imposta, le somme "dovute" sulle pensioni erogate ai pensionati italiani residenti in Brasile.

Un fatto curioso

Non tutte le pensioni pagate dagli Enti erogatori subiscono la trattenuta sono solo un migliaio i "beneficiati" dalla circolare Busa i restanti 9931 continuano ad essere "bistrattati". In pratica grazie alla fantasiosa interpretazione del genio delle lingue straniere, la frase inglese "May be taxed" (potrebbero essere tassate) la traduce con "VANNO TASSATE" viene cosí di fatto applicato dall'Italia l'art. 18.1 della Convenzione Italo-Brasiliana che vede la tassazione concorrente per le pensioni superiori a 5000 dollari annui. Dopo 7 anni di dura lotta "armata" dei nuovi "Mille", a suon di carte bollate e interrogazioni parlamentari, finalmente, qualcuno in Italia giunge alla conclusione che vanno chiesti chiarimenti sull'Accordo alla controparte brasiliana per arrivare cosí ad una definizione della controversia.... Con lettera di protocollo GAB/ASAIN n.ro 16/2009 del 28 gennaio di quest'anno, indirizzata al dr. Enrico Martino responsabile dell'Ufficio Estero dell'Agenzia delle Entrate, il Coordinatore Generale delle Relazioni Internazionali della Segreteria della Receita Federal (corrispondente al nostro Ufficio Esteri dell'Agenzia delle Entrate), Marcos Aurelio Pereira Valadon risponde che: "per il Brasile vale l'attuale accordo, per altro, rispettato per ben 22 anni dall'Italia.
Il Brasile riconosce valida l'applicazione dell'art 19.4. Non vede alcun fatto nuovo e non comprende quali siano state le motivazioni che hanno spinto l'Italia a modificare in modo arbitrario, unilateralmente, quanto concordato anche amministrativamente attraverso la Convenzione che ha, oltrettutto, validitá di legge ratificata, tra l'altro, dal Parlamento italiano il 29 novembre del 1980 con n.ro 844. Il risultato di tutto ció é che in questa situazione i "1000 beneficiati" dalla famosa circolare 41/2003 pagano imposte trattenute alla fonte in Italia e, continuano ovviamente a pagarle anche in Brasile alla faccia della Convenzione sulla doppia tributazione...

Dopo la risposta ufficiale del Brasile finalmente qualcosa si é cominciato a muovere in Italia...
Dopo l'interrogazione parlamentare presentata dall'On. Angelo Compagnon le "alte sfere" dell'Agenzia stanno cominciano a dar atto dell'equivoco creato dal famoso genio delle traduzioni... Va

detto, tra l'altro, che esiste la possibilitá dell'avvio di inchieste tese a definire le responsabilitá dei dirigenti dell'Agenzia coinvolti nella questione la causa sarebbe il danno erariale prodotto dalla vicenda, risulta infatti che l'Agenzia deve rimborsi valutati in oltre un milione e mezzo di euro sui quali vanno calcolati la rivalutazione monetaria e gli interessi legali. Con risposta scritta all'On. Compagnon l'Ufficio Esteri dell'Agenzia conferma infatti l'errore avvenuto e da per certa l'applicazione anche da parte italiana dell'art 19.4 della convenzione cosí come avviene anche per la parte brasiliana... A questo punto i "beneficiati" dalla circolare 41/2003 dovrebbero aver diritto al rimborso dell'Irpef trattenuta alla fonte per gli anni trascorsi dal 2000 al 2009 incluso.... Dall'inizio di questa vicenda a tutt'oggi si sono create paradossali situazioni: l'Ufficio Liquidazioni dell'Agenzia dopo aver liquidato rimborsi Irpef relativi agli anni 2000 – 2001 – 2002 ha inviato ai pensionati ingiunzioni per la restituzione degli stessi importi giá liquidati. Ci auguriamo che le cose seguano il verso giusto e finalmente la situazione venga definita in modo corretto. Va detto, per altro, che dopo questi ultimi fatti l'Inps dovrebbe smettere di trattenere indebitamente imposte, non dovute, ai Pensionati italiani residenti in Brasile, anche perché potrebbero emergere responsabilitá penali in merito.

IL COSIDETTO "PERMESSO DI RESIDENZA"

Sicuramente e' uno dei temi più scottanti per chi desidera investire o semplicemente risiedere in Brasile. Il fatto di avere proprietà o quote di società brasiliane non dà diritto alla residenza. Non é permesso permanere come turista più di 180 giorni, durante i dodici mesi che decorrono dalla prima entrata. Ciò significa che se siete rimasti in Brasile da giugno a dicembre, dovrete aspettare giugno dell'anno successivo per rientrare. Alcuni trucchetti, tipo cambiare il passaporto se si entra da frontiere terrestri funzionavano forse un bel po' di anni fa, ma erano e sono altamente rischiosi e sconsigliati in quanto si infrange la legge, possono inoltre creare problemi se successivamente si pensa di richiedere il permesso di residenza. Inoltre, analizzate bene il fattore residenza a livello fiscale, in quanto in teoria si é tassati anche sui guadagni provenienti dall'estero, a meno che non sia possibile applicare i trattati sulla doppia imposizione. La tematica e' ampiamente descritta sulla guida "Investire in Brasile! Cosa fare e cosa non...fare!"

Esistono oltre quaranta tipi di visti di permanenza differenti, anche se pochi avvocati lo sanno. Tra questi ve ne sono alcuni di tipo amministrativo, ovvero a discrezione del funzionario, ad esempio quello per "convivenza", che può riguardare anche persone dello stesso sesso. Anche qui un buon avvocato è necessario. Vogliamo sottolineare l'esistenza degli oltre quaranta tipi di visti perché incontriamo spesso persone che dicono: "mi sposo per prendere il visto", e forse non riflettono sul fatto che il matrimonio e' un contratto a vita vero e proprio.

Inoltre , il fenomeno, non proprio marginale, dei matrimoni fittizi o simulati, quelli volti esclusivamente all'ottenimento del permesso di residenza, sono la più grande stupidaggine che si possa fare. Darete dei soldi ad una ragazza, non riuscirete ad ottenere il visto perché la Polizia federale vi tormenterà facendo seri ed approfondite verifiche, lo fa anche se il matrimonio non é fittizio, e poi dovrete pagare per l'annullamento o il divorzio.

Ovviamente se siete innamorati per davvero vi consigliamo

assolutamente, per garantire i vostri beni, di stipulare un valido contratto prematrimoniale; non quelli standard del "cartorio", ossia lo studio notarile brasiliano. Se possibile, presentate la richiesta del visto in Italia, ci vorranno tre mesi contro i possibili tre anni del Brasile.

VISTO PERMANENTE PER MATRIMONIO

I casi possono essere diversi:

1) *matrimonio celebrato in Italia con cittadino/a brasiliana e richiesta del visto al consolato brasiliano in Italia.*

Tale situazione richiede innanzitutto l'emissione del nulla osta per la parte brasiliana che intende sposarsi in Italia e deve essere fatta presso il consolato brasiliano di giurisdizione del comune in cui risiede la parte italiana (Roma o Milano). La parte brasiliana per l'ottenimento dell'attestazione dovrà produrre: due dichiarazioni firmate da due testimoni (che possono essere fatte in Brasile in cartorio o in Italia da cittadini di qualsiasi nazionalità, il modello da compilare è scaricabile dal sito dei consolati), registro di nascita originale emesso da non più di sei mesi, passaporto e copia di un documento di identità della persona italiana da sposare. Con il Nulla Osta consolare e il passaporto è possibile contrarre matrimonio in Italia, cosa importante è che ne per il Nulla Osta ne per il matrimonio è necessario esibire o avere in regola il permesso di soggiorno. Fatto il matrimonio è necessario registrarlo all'ufficio dello stato civile in consolato e con il certificato di registrazione unito al casellario giudiziario, carichi pendenti, altri documenti emessi dal comune ed una dichiarazione dello/a sposo/a brasiliano/a è possibile richiedere il visto permanente che sarà apposto sul passaporto del richiedente dall'ufficio consolare, occorrono minimo due mesi dall'inoltro della domanda per ottenere il visto.

2) *matrimonio celebrato in Italia con cittadino/a brasiliana e richiesta del visto alla polizia federale in Brasile.*

E' possibile sposarsi in Italia, entrare da turista in Brasile e richiedere il visto permanente direttamente alla polizia federale in Brasile, il tal caso il matrimonio celebrato in Italia dovrà essere stato prima trascritto in consolato e poi al competente ufficio civile in Brasile, solo dopo tale ultima registrazione il matrimonio ha piena validità legale in Brasile ed è possibile inoltrare alla polizia federale la richiesta di visto (pedido de permanencia definitiva com base em casamento), documenti in genere necessari in tal caso sono il registro di matrimonio, copia autenticata in cartorio di tutte le pagine del passaporto, certificato generale del casellario giudiziario legalizzato in procura e poi in consolato brasiliano in Italia e tradotto in Brasile, foto tessera dei coniugi, copia autenticata in cartorio di documento di identità del coniuge brasiliano e tassa di permanenza di circa 40 euro. Se tutta la documentazione è in regola verrà subito emesso un permesso provvisorio di permanenza valido fino alla decisione finale sulla richiesta effettuata, che ovviamente sarà data dal risultato di alcuni controlli che polizia federale farà, l'effettiva carta di identità per stranieri potrà giungere anche dopo due o tre anni.

3) *matrimonio celebrato in Brasile con cittadino/a brasiliana e richiesta del visto al consolato Brasiliano in Italia.*

E' possibile sposarsi in Brasile, rientrare in Italia e richiedere il visto permanente al consolato Brasiliano in tal caso non è necessaria nessuna trascrizione in quanto il matrimonio ha già piena validità essendo stato celebrato in Brasile, oltre ad una fotocopia autentica (fatta in cartorio in Brasile o allo stesso consolato) del certificato di matrimonio è necessaria una dichiarazione della parte brasiliana ed altri documenti da produrre in Italia, tale procedura è chiaramente in indicata sui siti internet dei consolati brasiliani in Italia (Roma o Milano – www.consbrasroma.it – www.consbrasmilao.it)

4) *matrimonio celebrato in Brasile con cittadino/a brasiliana e richiesta del visto alla polizia federale in Brasile.*

E' possibile entrare in Brasile da turista, con tutta la dovuta documentazione, sposarsi in Brasile e presentare direttamente la domanda di visto permanente alla polizia federale. In tal caso bisogna stare attenti a non farsi mancare tutti i documenti necessari sia per il matrimonio che per la successiva richiesta di visto. Per sposarsi sarà necessario produrre in Italia l'estratto di nascita con maternità e paternità ed il certificato cumulativo di stato libero, cittadinanza e residenza da legalizzare in prefettura e poi al consolato brasiliano in Italia e successivamente da tradurre in Brasile, poi quando si è in possesso del certificato di matrimonio è necessario avere tutti gli altri documenti già indicati al punto 2. La validità dei documenti fatti in Italia è di 90 giorni, tempo più che sufficiente ad espletare entrambe le pratiche.

Spesso i documenti possono variare da stato a stato ed anche da cartório a cartório nello stesso municipio. Sia i cartóri che la polizia federale possono richiedere documentazioni aggiuntive, quindi il consiglio migliore è sempre quello di informarsi direttamente presso l'ufficio dove si svolge una determinata pratica. In prima fase nel caso di "pedido de permanencia definitiva com base em casamento" non viene concesso un "visto permanente" ma solo un permesso provvisorio, la polizia in caso di matrimonio farà i dovuti controlli finalizzati a verificare che il matrimonio sia reale. Altra cosa che non tutti sanno è che dal momento in cui si ha in mano il permesso provvisorio fino della notifica dell'avvenuta concessione della permanenza definitiva si è obbligati a permanere in Brasile e non si può stare fuori dal paese per più di tre mesi consecutivi.

La "Resolução Normativa n º 45, de 14 de março de 2000" prevede il visto permanente per trasferimento di pensione lo ottiene il pensionato straniero che decide di vivere in brasile, la pensione deve avere un certo importo minimo che è possibile vedere aggiornato sul sito della polizia federale (http://www.dpf.gov.br).

Altro caso di visto permanente è quello di un figlio in Brasile

Chi ha un figlio in Brasile, e quindi cittadino brasiliano (come in Italia chiunque nasce sul territorio dello stato ne è cittadino anche se da genitori stranieri o irregolari), ottiene il visto a condizione che il figlio viva con lui, o se vive con altra persona, ad esempio con la madre, deve dipendere economicamente dal padre, in pratica il padre lo deve sostenere economicamente; infatti tale tipo di visto è giustificato nell'interesse e sostentamento del minore.

Ultimo caso può essere quello di ottenimento di un visto permanente per convivenza, un segno di civiltà da cui dovremmo prendere un serio esempio, che da la possibilità di permanenza a chi magari è in attesa di divorzio o, per vari motivi non può contrarre matrimonio; può essere concesso il visto ad una persona straniera che ha una stabile convivenza con un cittadino/a brasiliano e lo/a sostenga moralmente ed economicamente. I controlli sono seri e la convivenza deve essere effettiva, non basta una semplice dichiarazione della convivente ed è necessaria istituire una pratica presso il "foro" (tribunale) in Brasile che ometoghi la situazione di coppia di fatto con una sentenza. Successivamente con tale certificazione ed altri documenti la Polizia Federale può rilasciare un visto permanente che resta però sempre vincolato a questa unione. Per tale tipo di pratica è necessario rivolgersi ad un avvocato, in quanto l'iter è complesso.

Passando ai visti temporanei, come specificato sopra, ne esistono molti e possono rappresentare una valida alternativa momentanea a chi vuole tentare il trasferimento definitivo in Brasile, il sito del consolato di Milano www.consbrasmilao.it ha la pagina dedicata molto chiara e completa di informazioni in merito. Uno dei tipi di visti temporanei più frequenti è quello per lavoro; la pratica va iniziata in Brasile dall'impresa chiamante ed il visto viene apposto in Italia sul passaporto del chiamato dal consolato brasiliano, occorre che l'impresa in Brasile presenti dei documenti, il contratto di lavoro e certifichi un titolo di studio o esperienza idonea alla mansione lavorativa per cui il chiamato si recherà in Brasile, questo tipo di visto viene concesso in valutazione alla necessità di ingresso nel paese di mano d'opera specializzata e viene valutato di caso in caso. I documenti possono essere inviati dal chiamato anche per posta dall'Italia all'impresa chiamante che poi completa la pratica in Brasile presso il ministero del lavoro, questo ultimo da al consolato in Italia il nulla osta per apporre il visto sul passaporto del chiamato, a questo punto il beneficiario entra in Brasile con il visto ed il contratto di lavoro già approvati.

Da rammentare comunque che non tutti i visti si ottengono solo presentando i documenti previsti, tutti sono soggetti alle decisioni ministeriali, possono essere richieste documentazioni supplementari a discrezione dei funzionari adibiti al controllo e/o al rilascio del visto, frequenti sono seri controlli della polizia federale finalizzati a verificare che le situazioni che danno diritto al visto esistano di fatto e non siano fittizie; ad esempio, si sa che molti matrimoni sono fittizi e quindi il controllo sulla effettiva convivenza presso il domicilio degli sposi esiste sempre, come possono esistere controlli sui luoghi di lavoro, sugli investimenti, ecc. Se viene scoperta una situazione fittizia pesanti sono le sanzioni che possono portare all'espulsione e/o a pagamenti di varie sanzioni. Al contrario del nostro paese, dove l'espulsione ha una validità decennale, in Brasile l'espulsione è permanente e il procedimento di revoca è lungo e complesso.

Riguardo alle informazioni ed alle procedure presso i consolati brasiliani in Italia possiamo affermare per diretta esperienza che gli stessi fanno un ottimo lavoro, dando la migliore disponibilità, ma è ingente la mole di lavoro che hanno e la quantità di persone Italiane e Brasiliane che devono assistere, quindi spesso i tempi di alcune pratiche non sono brevi. Il consolato di Roma ha attivato delle procedure che semplificano molte pratiche, come il poter fare molte cose per posta o corriere, senza la necessità di presentarsi di persona e possiamo testimoniare che il servizio funziona benissimo. Sia il consolato di Roma che quello di Milano non danno informazioni telefoniche, il che non è un disservizio in quanto le risposte alle e-mail sono rapide, complete e professionali con i dovuti allegati, modelli di documenti, etc..., poi se la domanda è particolare o poco chiara per loro, non esitano a telefonarvi, quindi se avete bisogno di informazioni verificate dai siti internet quale è il consolato della vostra giurisdizione (www.consbrasroma.it –

www.consbrasmilao.it) e mandate una mail con il vostro numero di telefono in un paio di giorni avrete la risposta, eventuali modelli di documenti ed altro. Questo è un sistema abbastanza usato anche in Brasile, mentre in Italia, tranne qualche caso, spesso stiamo ancora alle lunghe e costose attese telefoniche senza ottenere sempre l'informazione desiderata.

Nello stato del Ceará e quindi Fortaleza **la** delegazione per gli stranieri della polizia federale è ubicata all'interno dell'aeroporto internazionale Pinto Martins al primo piano.

Regole generali per la validità dei documenti italiani in Brasile

- Tutti i documenti rilasciati dal Comune, dalle Strutture Sanitarie (ASL), dalle strutture scolastiche, etc..., devono essere legalizzati in Prefettura.
- Tutti i documenti rilasciati dal Cancelliere del Tribunale o in Procura devono essere legalizzati in Procura (ossia apportare la firma del procuratore o sostituto procuratore)

Infine, tali documenti dovranno poi *essere legalizzati anche presso il Consolato del Brasile nella giurisdizione di appartenenza* (Roma per il cento-sud Italia / Milano per il nord)

Quando si legalizzano i documenti in Prefetture e Procure è bene accertarsi che la firma di chi legalizza il documento sia stata depositata al consolato del Brasile di competenza (Roma o Milano), in quanto, in caso negativo il documento non sarà poi legalizzato in consolato. E' un'informazione che in genere viene subito fornita dall'ente italiano.

Nesssun documento italiano semplicemente tradotto in Brasile, anche da traduttore giurato, ha valore legale se non si segue questa procedura. In alcuni casi potrebbero anche essere accettati ma se si tratta di pratiche presso ministeri o polizia federale è bene attenersi a tale procedura.

AVVIARE UN'ATTIVITA' ECONOMICA

Non è necessario essere residenti per avviare un'attività economica in Brasile: basterà presentare la copia del passaporto tradotta da un traduttore giurato e il cpf ("cadastro de pessoas físicas", qualcosa di analogo al codice fiscale brasiliano). Per iniziare un'attività é necessario costituire una ditta; questa può essere "individual", "limitada", quella che in certi casi può optare per la dichiarazione "simple" e pagare un cinque per cento sulle entrate, oppure può trattarsi di una "sociedade anônima". Quest'ultima non ha nulla di anonimo, ma é una vera e propria SPA. Pensateci bene prima d'aprire una piccola azienda: secondo il Sebrae, l'entità che dà assistenza alle piccole imprese, bisogna adempiere a 55 obblighi per entrare in funzione, 41 per funzionare normalmente e undici per chiudere. E sono questi ultimi i più "rognosi".

Come fanno i brasiliani a difendersi dalla burocrazia? Sono tutti costretti a vivere gomito a gomito con avvocati e commercialisti?

Prima di buttarvi sull'apertura del ristorantino, cyber café, e altro, informatevi bene, da un commercialista, su quali siano le migliori opzioni. La ditta "individual" é molto pericolosa perché il patrimonio personale di ognuno risponde per eventuali debiti dell'attività; cosa che non succede nella "limitada", ove la responsabilità d'ogni socio é appunto limitata alla sua quota azionaria. Quando si costituisce una società, va fatta attenzione al contratto sociale, che in genere tende a favorire il socio brasiliano. Una cosa che non vi verrà mai detta in consolato o dalle autorità locali è che, per operare in Brasile, é possibile usare una società estera (anche offshore, per garantire l'anonimità dei soci). Potrá impiegarsi un ufficio di rappresentanza in caso di operazioni d'investimento, oppure una succursale, in caso di attività commerciale diretta al pubblico. L'uso di una società estera vi permetterà, se desiderato, di non apparire e di gestirla più facilmente, specie in caso di chiusura o vendita. È importante precisare che l'uso della società estera non è volto ad evadere le tasse, che dovranno essere versate allo stesso modo.

In Brasile si pagano troppe tasse, come molti sono convinti avvenga in Italia?

Il Brasile è un po' come l'Italia di trenta anni fa: molte leggi e pochi che le applicano. Con il governo Lula il Paese sta recentemente tentando di "rifarsi la faccia", e ora chi non paga le tasse comincia a cadere nelle reti della "finanza" locale. Gli stranieri sono tra i primi, ma tutto dipende dall'attività svolta. Il problema però è che un dieci per cento della popolazione che paga le tasse deve sostenere l'altro novanta per cento che vive di sussidi o di lavoro nero.

Esiste un accordo internazionale finalizzato a evitare il fenomeno della doppia imposizione, soprattutto per prevenire le evasioni fiscali in materia di imposte sul reddito, Italia e Brasile hanno firmato un accordo, entrato in vigore nell'81: questo si applica alle persone fisiche e giuridiche residenti nei due Paesi, qualunque sia il sistema di prelievo. In Brasile la convenzione si applica, in buona sostanza, all'imposta federale sul reddito; é esclusa quindi l'imposta sulle rimesse eccedenti e sulle attività di minore importanza. In Italia si applica alle imposte sui redditi delle persone fisiche e giuridiche ed all'imposta locale sui redditi, ancorché riscosse mediante ritenuta alla fonte. Tuttavia il problema principale non sono le tasse ma le piccole imposte, le multe e gli interessi, che a causa della burocrazia sono ricorrenti.

Per depositare i propri risparmi in una banca brasiliana viene richiesta la prova della "residenza" in loco. Si deve però essere effettivamente residenti in Brasile?

Questo e' un altro dei "grandi miti": dire che il non residente non può avere un conto in banca. Il problema è che le banche non amano aprire conti agli stranieri e trovano mille difficoltà. No, per legge e avendone i requisiti, anche un turista può aprire un conto bancario in Brasile. Tra l'altro nella guida pratica "Investire in Brasile! Cosa fare e cosa non…fare!" sono pubblicati i regolamenti che lo permettono. Si può fare in una settimana e bisogna presentare, oltre al codice fiscale brasiliano, ossia il già citato cpf, la cosiddetta "prova di residenza": questa può consistere in una bolletta di luce, acqua o telefono oppure in un contratto d'affitto registrato. Ovviamente ci vorranno anche la copia e l'originale del passaporto e del formulario d'entrata e uscita. Questi sono i documenti richiesti anche per acquistare una macchina ed intestarsela. Per l'acquisto di immobili o quote azionarie di una società bastano il cpf e il passaporto.

IL BRASILE GUIDA LA CARICA DEL G20

Il Brasile prende la guida dei paesi emergenti che si oppongono allo strapotere occidentale. Strada che porta verso un'importante ridefinizione dei rapporti di forza in ambito commerciale.

C'è chi dice no, cantava Vasco Rossi. Era il lontano 1987, il termine globalizzazione voleva dire poco o nulla, gli italiani votavano contro le centrali nucleari e il Brasile usciva sulle ginocchia da una lunga dittatura militare. Sedici anni più tardi, a Cancun, in Messico, in occasione del vertice del Wto (l'Organizzazione mondiale del commercio) a pronunciare quel no sono stati altri, i Paesi in via di sviluppo. Ma lo hanno "cantato" con la stessa, indistinguibile grinta dell'artista di Zocca. Se per la canzone di Vasco "c'è qualcosa che non va in questo cielo", per i rappresentanti del Sud del Mondo (più o meno industrializzato) intervenuti al meeting di inizio settembre, le ingiustizie sono sulla terra, dove l'Occidente vuole imporre regole del gioco e del commercio assolutamente inique.

Diversamente da tre lustri fa, però, quando i "piccoli" erano completamente assoggettati allo strapotere americano e sovietico, adesso c'è la possibilità di alzare la testa e denunciare i sorprusi, affidandosi alla crescente autorità delle potenze emergenti: Cina, India, Sudafrica e Brasile. Del resto i tempi cambiano: gli italiani, complice il black-out elettrico, sono ormai diventati scatenati fan dell'energia nucleare, mentre il Brasile ha governo, ideali e prospettive molto più promettenti. Tanto promettenti da consacrarlo a leader del G20, il gruppo dei venti Paesi emergenti, tra cui (oltre a quelli già citati) anche Nigeria, Indonesia e Turchia, che si sono opposti allo strapotere occidentale, contrastando a Cancun le istanze statunitensi con maggiore efficacia rispetto all'Europa.

«Siamo l'alleanza che ha la più grande legittimità economica e sociale al mondo ed una grande porzione dell'opinione pubblica del pianeta sta dalla nostra parte», ha sottolineato Celso Amorim, ministro al commercio brasiliano. "Il G20 rappresenta il 51% dell'umanità, il 60% dei mercati agricoli e il 63% di tutti i coltivatori", gli ha fatto eco il presidente carioca Luis Ignacio Lula da Silva.

Si tratterebbe, insomma, almeno della terza forza commerciale mondiale dopo Stati Uniti e Vecchio Continente: una formidabile macchina da guerra. E lo spauracchio, per Robert Zoellick, rappresentante Usa per il commercio estero, è rappresentato proprio dal Brasile che a Miami, a novembre, si opporrà fermamente all'Alca, l'area di libero scambio comprendente le due Americhe (dai ghiacci dell'Alaska a quelli della Terra del Fuoco) fortissimamente voluta dall'America.

Lula, che ha più volte ricordato l'importanza del Mercosur, preferirebbe infatti un sistema multilaterale, in modo da evitare i disastri sociali ed economici causati al Messico dal Nafta, l'accordo di liberalizzazione commerciale relativo al centro-America. Dal canto suo Amorim, molto saggiamente, ha più volte raffreddato gli entusiasmi del post-Cancun, affermando che «la vera vittoria consiste nel fatto che la proposta del G20 sull'agricoltura è stata legittimata e rappresenterà la base da cui ripartire a Ginevra». Il vero fallimento dell'ultimo vertice WTO, infatti, non risiede nella bocciatura delle "Singapore issues", il pacchetto per la liberalizzazione degli investimenti sul quale si sono arenati definitivamente i negoziati, ma nell'ottusa difesa, da parte di Europa e Stati Uniti, del protezionismo in campo agricolo.

I sussidi miliardari concessi dalla Casa Bianca ai produttori americani di cotone "drogano" la formazione dei prezzi a livello mondiale, così come le enormi eccedenze alimentari rovesciate dalle imprese del Vecchio Continente sulle piazze africane: sono queste le distorsioni che il G20, affiancato dal Cairns (l'associazione che raggruppa i maggiori produttori agricoli mondiali) ha denunciato a Cancun, chiedendo una decisa liberalizzazione. Certo, la strada da percorrere resta ancora lunga, non fosse per il fatto che la stesso G20, al proprio interno, presenta forti contraddizioni. Le correnti più progressiste si troveranno a loro agio con il governo brasiliano guidato dal Partito dei Lavoratori, ma non altrettanto con il governo indiano, fondamentalista e neoliberista, e con quello cinese, autoritario e ormai vicino alle logiche di mercato occidentali.

La vera sfida, per Lula e i grandi leader del Terzo Mondo, sarà trasformare un generico accordo sulla drastica riduzione dei sussidi all'agricoltura del Nord del mondo a un'intesa di ampio respiro che tuteli anche i piccoli contadini, dediti ad una produzione finalizzata principalmente al mercato domestico. Il Brasile, ad esempio, vive una forte contraddizione interna: rappresenta il quarto maggior esportatore di alimenti nel mondo, ma 44 milioni di brasiliani hanno fame tutti i giorni. Ancora: il G20 potrebbe elaborare un programma comune che coinvolga industria e servizi, funzionando da volano per una cooperazione tra i vari paesi del Sud, estesa al di là del commercio, fino a comprendere un coordinamento a livello di investimenti, circolazione dei capitali, nonché le politiche sociali ed ambientali.

L'appoggio della società civile occidentale (il New York Times lo profetizzò all'inizio dell'anno), ai Paesi ribelli non mancherà, così come, da parte della stessa società civile, non mancheranno le critiche: Lula, che a fine settembre ha dato il via libera all'utilizzo delle sementi geneticamente modificate della soia nello stato del

Rio Grande do sul, ne sa qualcosa. La strada, insomma, sarà lunga, dura e piena di insidie, ma potrebbe portare a un'importante ridefinizione dei rapporti di forza in ambito commerciale. E, di conseguenza, a una più equa distribuzione del reddito a livello mondiale.

I BRASILIANI...I NUOVI ARABI!

LA SCOPERTA DI UN ENORME GIACIMENTO DI PETROLIO PONE IL BRASILE AL PARI DELL'ARABIA SAUDITA IN TERMINI DI RISERVE

In effetti la notizia bomba è stata annunciata dalla Petrobras (alla notizia, le azioni dell'azienda brasiliana nella borsa di San Paolo hanno subito un'impennata di oltre il 15 per cento) dopo la scoperta dell'impressionante giacimento di TUPI.

Un'immensa ricchezza petrolifera sepolta sotto una spessa coltre di sale, un Paese che si trasforma in "gigante energetico" e un presidente che promette di creare una seconda compagnia petrolifera che destina i suoi proventi ai programmi sociali. Potrebbe sembrare un'invenzione letteraria di Jorge Amado, invece è la cronaca politica ed economica che arriva dal Brasile in queste ultime settimane.

Così il Brasile sta scoprendo immensi giacimenti di petrolio. Sono così importanti che potrebbero portare il paese al quinto posto al mondo per riserve e da far slittare in secondo piano i biocombustibili che solo fino a un paio d'anni fa erano una priorità per la politica energetica nazionale.

Nasce così il Brasile saudita, una nuova grande potenza petrolifera tanto che per il presidente Lula, che ne ha parlato alla nazione, i risultati delle introspezioni petrolifere sono così importanti da rappresentare "un nuovo giorno dell'indipendenza nazionale" dove dovrà essere lo Stato a controllare queste risorse. Da due anni il mare brasiliano non smette di rivelare sorprese. Al sud del paese, sotto uno spesso strato di sale che in qualche punto arriva a 2.000 metri e a 7.000 metri di profondità sotto l'oceano, in una fascia di 800 km quadrati al largo degli stati di Espírito Santo e Santa Catarina, si trovano giacimenti immensi. Così grandi da moltiplicare fino a sette volte le riserve brasiliane facendole passare da 14 a oltre 90 miliardi di barili trasformando il paese in una potenza petrolifera di prim'ordine, forse la quinta per riserve dopo Arabia Saudita, Iran, Iraq e Kuwait, e su livelli paragonabili a Emirati Arabi, Russia e Venezuela.

È una scoperta che appare così importante da cambiare completamente il futuro non solo energetico del paese, risvegliare appetiti e pericoli, ma soprattutto speranze. E così ieri, lunedì, il presidente Lula ha preso la parola aprendo le danze che dovrebbero portare in tempi brevi ad una legge che nelle intenzioni del governo attribuisca allo Stato il pieno controllo sul petrolio e ridistribuisca le enormi ricchezze in arrivo tra tutti gli stati del paese per far sì che il petrolio sia "una grazia di dio che migliori le condizioni di vita di tutti i brasiliani investendo il ricavato in tre assi fondamentali, educazione, scienza e tecnologia, oltre che nella lotta allo sradicamento della povertà".

Ancora per il presidente "il petrolio può rappresentare una nuova rivoluzione industriale dove il Brasile non vuole esportare greggio ma convertirsi in una delle più importanti potenze petrolchimiche del pianeta". Un'alba di un nuovo giorno per il Brasile per un presidente che getta il petrolio sul piatto della campagna elettorale per designare chi gli succederà. Lula vuol fare apparire chiaro che solo la continuità del governo del PT (partito dei lavoratori) che candida una donna, Dilma Rousseff, può garantire un effettivo progresso redistributivo contro i molti vampiri. Tra questi vi sono i governatori degli stati al largo dei quali il petrolio si trova, che non accettano di dividere le ricchezze e quelli che il presidente ha definito "gli adoratori del dio mercato", terrorizzati dal fatto che il petrolio possa essere utilizzato in beneficio di tutti i brasiliani.

Petrobras ha acquisito la più avanzata tecnologia del pianeta. Quest'anno ha investito un miliardo di dollari, la produzione è iniziata a marzo 2009 ed è pari a 100mila barili al giorno e 3,5 milioni di metri cubi di gas. Dal 2017 la produzione aumenterà. Intanto è quasi ultimata la costruzione di un'enorme piattaforma sommergibile, chiamata P-51, equipaggiata per 200 persone, un peso di 48mila tonnellate e una capacità di estrazione che a regime sarà di 180mila barili di petrolio al giorno.

Tanta ricchezza energetica può proiettare il Brasile nell'Olimpo dei grandi Paesi produttori, ma può anche provocare la "maledizione olandese", ovvero quella nemesi che punisce i possessori di grandi risorse naturali. Ecco perché Lula ha annunciato la "revisione" del modello di sfruttamento petrolifero brasiliano. Si tratta della creazione di una nuova società petrolifera (che affiancherebbe Petrobras) con una mission ben precisa: supportare programmi sociali. La compagnia sarebbe caratterizzata da una maggiore presenza dello Stato nella gestione dei giacimenti appena scoperti.

In realtà la zona esplorata è solo una piccola parte della fascia costiera che si estende per ben 800 km dallo stato di Espirito Santo fino a quello di Santa Caterina, potenzialmente ricchissima in petrolio e gas.Il Brasile è attualmente solo al 17° posto tra i paesi con riserve di petrolio ma questa scoperta lo pone almeno in 8° posizione al pari dell'Arabia Saudita e Venezuela, ma le riserve potenziali potrebbero essere molto maggiori qualora si decidesse di esplorare l'intera zona.
Il petrolio è posto a grande profondita (il giacimento Tupi si trova sotto 2100 metri di acqua, più di 3000 metri di sabbia e rocce, e altri 2000 metri di uno duro strato di sale) ma con le tecnologie moderne non è un problema estrarlo insieme al gas.

E' ipotizzabile quindi che il Brasile , oltre ad essere il maggior produttore al mondo di biocombustibili, diventerà tra 3-4 anni (quando gli impianti saranno in funzione) uno dei maggior esportatori mondiali anche di petrolio. Considerando che il Brasile è ricchissimo anche di tutte le altre materie prime (ferro, uranio, carbone, alluminio, soia, grano, caffè, zucchero etc...) e data la crescente rilevanza strategica, conomica e politica delle materie prime, davvero come ironicamente ha riportato l'Economist "Forse che Dio stesso è brasiliano?...)

IL PROGETTO SOCIALE

La spiegazione del progetto è stata affidata ad Aloisio Mercadante, senatore del Pt (il partito dei lavoratori, lo stesso di Lula): «Ci ispiriamo al modello adottato in Norvegia dove è stato creato un fondo di 400 miliardi di dollari, con una filosofia distributiva mirata a garantire anche alle generazioni future i proventi della ricchezza petrolifera. Proprio per evitare di ridursi come l'Arabia Saudita, l'Iran e l'Iraq dove è mancata un'industrializzazione adeguata». I timori di una gestione populista sono comunque stati fugati dal pragmatico ministro delle Miniere e dell'Energia, Edison Lobao: «La nuova legge di Lula non intaccherà gli interessi delle compagnie straniere operative negli attuali giacimenti».

Il Brasile è 3° come crescita di milionari al mondo.

Nel 2007 , secondo uno studio divulgato da CapGemini e Merrill Linch, il Brasile ha avuto una crescita del 19,1 % della quantità di persone con un patrimonio liquido sopra 1 milione US$ in confronto all'anno precedente. Il numero di milionari nel paese è cosi passato da 120.000 a 143.000.
Secondo tale studio al primo posto si colloca l'India con una crescita del 22,7%, la Cina è al secondo posto con una crescita del 20,3%. La Russia invece (ultimo dei rappresentanti del BRIC, formato appunto da Brasile, Russia, India, Cina) si colloca al 10° posto con un aumento del 14,4%.
A livello mondiale la crescita del numero dei milionari nel 2007 rispetto al 2006 è stato del 6%.

La classe media cresce in Brasile

Come abbiamo gia' visto il Brasile sta riducendo il livello di disuguaglianza nella distribuzione della ricchezza, raggiungendo nel 2007 la maggior percentuale nella sua storia della popolazione di Classe C (la classe media in Brasile, secondo una classificazione in 5 classi da A-E).

La ricerca portata a termine dalla FGV mostra come la percentuale di povertà nel paese si sia ridotta dal 19,6% nel 2006 al 18% nel 2007 con 1,5 milioni di persone che sono uscite dalla linea di povertà raggiungendo appunto la classe media.

La nuova classe C raggiunge la percentuale del 47,06 % della popolazione nel 2007.

La classe media è quella fascia che va da 1064 Reais a 4591 Reais come reddito familiare.

Nonostante la crisi in atto a livello mondiale il Brasile continua a crescere.

La bilancia del turismo brasiliana è negativa nei primi 8 mesi del 2008

Secondo i dati del Banco Central (BC) nei primi 8 mesi del 2008 sono stati già spesi 7,85 miliardi US$ dai turisti brasiliani all'estero. Tale somma rappresenta un incremento del 57,5% rispetto al 2007. Tuttavia anche la spesa del turismo in ingresso in Brasile ha segnato un record con 3,86 miliardi US$ nei primi 8 mesi con un aumento del 18,46% rispetto al 2007. Tale dato è significativo in quanto mostra come il turismo in ingresso in Brasile stia crescendo ben sopra la media mondiale del 7%.

Nonostante questo la bilancia commerciale del turismo brasiliana è negativa, ma in realtà tale dato è molto positivo in quanto dimostra l'accresciuto potere di reddito della popolazione brasiliana che ora viaggia e spende all'estero molto di più di quanto i turisti in ingresso in Brasile possano fare.

Investimenti stranieri diretti in brasile record nei primi 8 mesi 2008

Nei primi 8 mesi dell'anno già sono entrati in Brasile 24,575 miliardi US$ di investimenti diretti esteri (IED).La crisi finanziaria mondiale in atto non sembra per ora avere colpito il Brasile.

Tasso di disoccupazione diminuisce ancora in Brasile Ad Agosto 2008 il tasso di disoccupazioni in Brasile è sceso a 7,6% secondo l'Istituto brasiliano di geografia e statistica. L'indice migliora sia rispetto a Luglio 2008 (8,1%) sia soprattutto in relazione ad agosto 2007 quando il tasso di disoccupazione era al 9,5%.

ECONOMIA BRASILIANA CRESCE DEL 5,4% NEL 2007

Il prodotto interno lordo (PIL) è creciuto del 5,4% nel 2007 per un valore di 2,6 trilioni di Reais (circa 1000 miliardi di euro),trainato dalla crescita degli investimenti (+13,4%) che hanno avuto il maggior tasso di sviluppo dal 1996.L'industria è cresciuta del 4,9%, il settore dei servizi del 4,7%. Altro grande fattore di sviluppo nel 2007 è stata la crescita dei consumi interni delle famiglie residenti (+6,5%).
Le esportazioni sono cresciute del 6,6 % frenate tuttavia dalla forte valorizzazione del real che ha spinto invece le importazioni (+20,7%).
La crescita del PIL per il 2008 è stata intorno al 5%.

LA REDDITIVITA' DELLE INDUSTRIE BRASILIANE SUPERA QUELLE DEGLI USA

Nel 2007 il ritorno sul patrimonio liquido delle indiustrie brasiliane negoziate alla borsa valori di San Paolo ha raggiunto il 16,02% e ha superato la redditività delle industrie statunitensi ferme al 14,6%

IL BRASILE NECESSITA DI 27,2 MILIONI DI CASE ENTRO IL 2020

Per soddisfare la crescente domanda di abitazioni secondo uno studio elaborato dal Sindacato dell'industria delle costruzioni civili di San Paolo (SINDUSCON SP) è necessario incrementare il ritmo di costruzioni civili.

Attualmente vengono costruite in Brasile 1,6 milioni di abitazioni all'anno. Sarà quindi necessario incrementare ad almeno 2 milioni di abitazioni anno per soddisfare le esigenze della popolazione. Lo studio conferma la tendenza in crescita delle costruzioni in Brasile e le stime di un ciclo espansivo previsto almeno per il prossimo decennio.

SALARIO MINIMO SALE A 412 REAIS A MARZO 2007

La crescita è del 8,52 % rispetto al salario minimo brasiliano precedente (380 reais). Oggi nel 2010 e' crescituo ancora arrivando a 485 reais.

IL BRASILE E' IL MIGLIOR MERCATO EMERGENTE DEL MONDO SECONDO CITIBANK

La recente buona performance del mercato azionario brasiliano ha elevato il peso del paese , nell'indice MSCI dei mercati emergenti di Morgan Stanley , al 14,95% sorpassando per la prima volta Cina e Corea del Sud. Secondo Geoffrey Dennios, analista di Citibank, "il Brasile è ora il maggior mercato emergente azionario e decimo del mondo". Tra le industrie la brasiliana PETROBRAS è la maggior società emergente al mondo in termini di capitalizzazione, al secondo posto troviamo la russa GAZPROM e al terzo posto di nuovo una industria brasiliana , la VALE.

BRASILE E' UN PAESE CREDITORE PER LA PRIMA VOLTA NELLA SUA STORIA

Il Brasile ha smesso di essere un paese debitore verso l'estero ed è diventato a Gennaio 2008 per la prima volta un paese creditore. Gli attivi brasiliani all'estero hanno superato il debito . Secondo la Banca Centrale , l'aumento senza precedenti delle riserve internazionali negli ultimi mesi e l'anticipo del pagamento dei debiti esteri hanno permesso al Brasile di diventare per la prima volta nella sua storia un paese creditore.

L'effetto di questa nuova situazione ha aiutato il Brasile a raggiungere il rating AAA nel 2009, raggiungendo così le migliori economie industrializzate in termini di affidabilità del proprio sistema economico.

BRASILE AL 6° POSTO TRA I PAESI MIGLIORI PER GLI INVESTIMENTI STRANIERI

Nel 2007 il Brasile ha guadagnato una posizione nel ranking elaborato dalla AT Kearney sull'indice di fiducia per gli Investimenti Stranieri Diretti 2007, pubblicato annualmente dalla prestigiosa società di consulenza statunitense.

La Cina guida la classifica, seguono India, USA, Gran Bretagna, Hong Kong, Brasile. La Russia che insieme con Cina e India e Brasile forma il BRIC è al 9° posto.

Il Brasile è il 5° miglior paese al mondo dove investire secondo una ricerca dell'ONU divulgata il 4 ottobre a Ginevra. Secondo lo studio gli investimenti internazionali delle multinazionali cresceranno nei prossimi 3 anni. Nella graduatoria il Brasile è preceduto nell'ordine da Cina, India, Stati Uniti, e Russia. Tra i paesi europei solo Regno Unito e Polonia figurano tra i primi 10 posti.

La produzione industriale è cresciuta in agosto dell'1.3% rispetto a luglio e del 6.6% rispetto ad Agosto 2006 mettendo a segno così il 14° rialzo consecutivo.

La fiducia delle imprese brasiliane ha raggiunto in Luglio un punteggio di 123.7 segnando così il record storico dal 1995 quando la fiducia fu misurata per la prima volta. L'indice avanza del 2.9% rispetto a giugno e del 15.8% rispetto a luglio 2006.

Fiat in forte crescita in Brasile. Il bilancio del terzo trimestre 2007 in Brasile evidenzia per il gruppo Fiat una crescita del 30% a quota 143 mila unità, livello vicino alla performance ottenuta in Italia (155mila con una crescita del 7%) ma con una profittabilità molto superiore.

Il tasso di disoccupazione a luglio diminuisce al 9.7% rispetto al 10.1% di Giugno. Il numero delle persone occupate è di 20.79 milioni con un rialzo del 3.2% rispetto allo stesso periodo dell'anno passato. Il salario medio del lavoratore è di 1119.20 Reais/mese con un incremento del 2.7% rispetto al luglio scorso.

Oltre 105 milioni di Brasiliani posseggono un telefono cellulare. Nei primi 5 mesi del 2007 si sono verificate 5.179.000 nuove adesioni con una crescita del 5,18 % rispetto ai primi 5 mesi del 2006

La General Electric (GE) si dice ottimista sul mercato immobiliare brasiliano e messicano:
"Stiamo aumentando l'esposizione dei nostri investimenti immobiliari in Messico e stiamo ceracando di entrare nel mercato brasiliano; consideriamo il Brasile come il futuro Messico " ha affermato Joseph Parsons presidente della GE-Real Estate. "Il paese si sta stabilizzando, il governo è pro-attivo e ben disposto agli investimenti, ha grandi risorse naturali, ha una classe media in forte crescita e una dinamica molto positiva"

Grande possibilità di crescita per il credito immobiliare

Il ministro dell'industria Miguel Jorge prevede che i finanziamenti per l'acquisto di immobili devono raggiungere nei prossimi anni un valore di almeno il 10% del PIL. Attualmente il Brasile raggiunge appena il 2% del PIL a causa di una situazione storica che a causa degli alti tassi di interesse ed instabilità economica ha frenato il mercato immobiliare. In Europa la media di credito immobiliare raggiunge il 20% del PIL.

Il Brasilè è al 9° posto tra i paesi al mondo più attraenti per gli investimenti secondo uno studio divulgato a giugno 2007 dalla Ernst & Young. La Cina è saldamente in testa alla classifica mentre tra i paesi europei si distingue solo la Germania al 4° posto.

Citigroup vede il Bovespa a 70.000 punti entro un anno. L'autorevole gruppo finanziario affermò che il Brasile rappresenta la sua maggiore scommessa in America Latina e che non si era mai visto negli ultimi 15 anni tanto ottimismo sul Brasile come ora. "Raramente abbiamo visto prospettive economiche tanto solide".

La Silf Energies società portoghese con base a Fortaleza prevede investimenti di 3,9 miliardi di dollari in energia eolica per i prossimi anni. Le centrali eoliche saranno installate nel Ceará e la prima realizzazione è già in corso nella zona di Aquiraz (Fortaleza) e da sola produrrà il 20% dell'energia necessaria per l'intero stato del Ceara.

Il Brasile riprenderà la costruzione di Angra 3 , la terza centrale nucleare del paese secondo un piano che punta alla costruzione di 7 centrali nucleari nei prossimi decenni.

Borsa

Il Bovespa aggiorna il record storico e sfonda il muro dei 51.000 punti.

Indicatori
La vendita di auto nuove ha registrato nei primi 4 mesi del 2007 un incremento del 22,6% rispetto ai primi 4 mesi del 2006. La Fiat ha saturato la capacità produttiva del suo stabilimento di Betim (Minas Gerais) che è attualmente il più grande stabilimento Fiat al mondo e ha assunto ulteriori 1200 operai... mentre da noi... Per ora l'eccesso di domanda è compensato dall'importazione di auto dallo stabilimento di Cordoba (Argentina) ma la casa

automibilistica torinese sta pensando di aprire un nuovo stabilimento sul territorio per soddisfare la forte domanda futura di autoveicoli in Brasile.

La bilancia commerciale ha registrato in aprile il miglior risultato dell'anno con un attivo di 4.203 miliardi US$. La previsione per il 2007 è di un saldo positivo di 40 miliardi US$...mentre da noi manovre e manovrine per...

La produzione industriale ha segnato in marzo 2007 un aumento dell'1,2 % su febbraio 2007 e del 3,9 % su Marzo 2006.

Economia nazionale

"Il mondo si convertirà al biocombustibile" queste le parole del presidente Luiz Inacio Lula da Silva all'ExpoZebu 2007,"il processo è irreversibile,e quando questo avverrà nessuno può competere con il Brasile".
Dal discorso del 1° maggio di Lula "Ho ragioni di essere ottimista. La nostra aspettativa è che , con la crescita dell'economia, e tutti i numeri indicano che l'economia continuerà a crescere in maniera sempre più vigorosa nei prossimi anni, e con l'attuazione del programma di accelerazione dell'economia (PAC) , e anche con l'esenzione di imposta che abbiamo fatto sul materiale da costruzione civile e per la propria costruzione civile, abbiamo lì un potenziale straordinario di generazione di posti di lavoro".

Il Brasile ha estinto anticipatamente i debiti verso l'FMI (mentre Grecia e i PIIGS, ovvero Portogallo,Italia,Irlanda e Spagna...) e ha ottenuto risultati molto positivi in termini di bilancia commerciale e detiene un livello record di riserve valutarie. Ora non è più così vulnerabile a variazioni nel flusso degli investimenti esteri. CONSEGUENZE: L'accresciuto livello di affidabilità farà aumentare notevolmente il flusso di investimenti esteri verso il paese. Il Brasile pagherà meno in termini di interessi sul debito. Un'altra probabile conseguenza sarà la progressiva valorizzazione del Real che potrebbe tuttavia portare effetti negativi sulle esportazioni. A questo punto è prevedibile che la banca centrale abbasserà il tasso di interesse SELIC (attualmente al 12,50%) per arginare la forza del Real , situazione che genererà ulteriori effetti positivi sull'economia brasiliana.

È RIO! AL BRASILE LE OLIMPIADI DEL 2016

Rio de Janeiro è stata scelta dal CIO per ospitare le Olimpiadi del 2016.

"Siamo gli unici, fra le dieci economie più grandi del mondo, a non aver mai ospitato una Olimpiade", aveva detto il presidente Lula. "Per gli altri si tratterebbe semplicemente di una Olimpiade in più, per noi sarà un'occasione senza pari (...). Questa candidatura non è solo nostra, ma di tutta l'America del Sud. Un continente che non ha mai ospitato una Olimpiade. È arrivato il momento di correggere questo errore".

Una grande vittoria per Lula, quindi, per tutto il Brasile e per tutto il Sudamerica.

Il progetto presentato da Rio era il più caro fra i quattro finalisti. La previsione di spesa è di 14,42 miliardi di dollari, contro i 4,82 di Chicago, i 6,13 di Madrid e i 6,8 di Tokio.

Saranno sfruttati 19 degli spazi eretti in occasione del Panamericano del 2007, e altri 11 saranno costruiti ex-novo. Non dimentichiamo che il Brasile insedierà, solo due anni prima della competizione olimpica, anche la Coppa del Mondo di Calcio (Brasil 2014).

Insomma, il paese salta prepotentemente agli onori della cronaca. Non si tratta solo di sport, di proiezione internazionale, di prestigio: si tratta di un giro di denaro impressionante, posti di lavoro, turisti, una sfida veramente grande che implica anche numerosi rischi, primi fra tutti la sicurezza (degli atleti e degli ospiti) e gli appalti milionari (noi italiani ne sappiamo qualcosa, siamo maestri nell'arte dell'arricchimento illecito).

È un grande, grandissimo successo che merita di essere celebrato. Caipirinha per tutti!

EXPO SHANGAI 2010: PADIGLIONE BRASILE

Ci sono anche i progetti di due città brasiliane, tra i 48 selezionati a livello mondiale, nell'area dell'Expo di Shanghai 2010 dedicata alle Migliori Pratiche Urbane (UBPA): si tratta di San Paolo e Porto Alegre. Con 70 milioni di visitatori attesi per il periodo della sua durata (sei mesi, da maggio a novembre 2010), l'Esposizione Universale di Shanghai si prospetta come la più grande fiera delle nazioni della storia.

San Paolo, con il progetto Città Pulita, si è classificata al quarto posto. Oltre all'aspetto economico, San Paolo mostrerà le varie attrazioni che rappresentano la cultura e lo sviluppo della città, con particolare attenzione al rinnovamento urbano e alla lotta contro l'inquinamento.

Porto Alegre, capitale del Rio Grande do Sul, presenterà invece un innovativo progetto di sviluppo intitolato "Governo Solidale Locale" (Governança Solidária Local – PGSL), che punta sulla flessibilità per garantire una partecipazione ampia e facilitare la formazione di reti di cooperazione e partenariati efficaci. Alla base del PGSL, l'esperienza di democrazia partecipativa di Porto Alegre, risultato delle esperienze storiche del sistema comunitario e la forza della più lunga partecipazione popolare nella distribuzione delle risorse pubbliche – il Bilancio Partecipativo.

Con il tema Città Pulsanti, il Padiglione del Brasile all'Expo Shanghai 2010 presenterà la diversità umana e culturale delle città brasiliane, il dinamismo delle sue grandi metropoli e della sua economia in forte espansione, mettendo in evidenza i settori ad alta tecnologia e i principali progressi del Paese nel campo della sostenibilità e dell'inclusione sociale e politica.

Il padiglione ospiterà anche numerosi eventi artistici, culturali e turistici, discussioni tematiche, incontri di business e appuntamenti dedicati alla gastronomia, oltre ad una grande esposizione etnica, culturale e paesaggistica del Brasile attraverso foto, video, musica, spettacoli e cibo. La narrazione tematica sarà suddivisa in tre aree:

sviluppo sostenibile, diversità/città globale, partecipazione popolare e inclusione sociale.

Il Brasile promuoverà anche seminari e discussioni con gli altri Paesi su temi quali: l'energia rinnovabile, le politiche di gestione delle risorse idriche e l'innovazione tecnologica. Per i grandi forum di discussione della manifestazione, il Paese porterà le conclusioni del 5° Forum Urbano Mondiale, tenutasi nel marzo 2010 a Rio de Janeiro, e della 15ª Conferenza delle Parti delle Nazioni Unite sui cambiamenti climatici (COP 15), che si è tenuta a dicembre a Copenhagen.

LA FRUTTA DEL BRASILE

Uno dei prodotti di cui il Brasile è ricchissimo è proprio la Frutta. Nella maggior parte dei casi si tratta di frutta mai vista sulle nostre tavole. La varietà di frutta in Brasile è straordinariamente elevata e d ottima qualità: ananas, banane, anacardi, frutta della passione, papaya, meloni, uva, mele, noci. L'Amazzonia offre moltissimi tipi di frutta tropicale come bacuri, cupuassu, jenipapo, mangaba, tapereba. I più famosi sono Carambola, Guaranà, Goiaba, Maracuja, Jacca.

Attualmente, il Brasile è uno dei primi tre colossi mondiali nella produzione di frutta, con un volume annuo di 41 milioni di tonnellate. Grazie alle sue condizioni climatiche, all'estensione del suo territorio, alla posizione geografica e alla natura del suolo, il Brasile può produrre varie tipologie di frutta: tropicale, sub-tropicale e tipica delle aree temperate.

In Brasile opera l'IBRAF (Istituto brasiliano della frutta), fondato nel 1990 dai maggiori protagonisti del settore. Si tratta di un organismo senza scopo di lucro, creato per effettuare ricerche di mercato, promuovere la formazione e l'avanzamento tecnologico in campo frutticolo e delineare le linee guida del settore. Per dare slancio alle esportazioni di frutta fresca e trasformata dal Brasile, l'IBRAF, in collaborazione con altri enti e associazioni, ha promosso un'iniziativa denominata "Brasilian Fruit Project". Questo programma di promozione riguarda le seguenti tipologie di prodotto: lime, mele, mango, meloni, papaya, uva, ananas, banane, arance, mandarini, pesche, kaki, fichi, fragole e angurie per quanto riguarda la frutta da consumo fresco. Polpa, succo, arachidi, acqua di noce di cocco e altro, per quanto riguarda il trasformato. Dal 1998 al 2006, le esportazioni di frutta dal Brasile sono aumentate esponenzialmente del 170% in termini di volume (da circa 297.000 tonnelate a oltre 802.000 tonnellate) e del 296% in termini di valore (da circa 120 milioni di dollari a oltre 472 milioni di dollari). Ciò ha permesso alla bilancia commerciale ortofrutticola brasiliana (vedi tabella di seguito riportata) di accrescere il proprio attivo – dopo vari anni (1994 – 1998) di bilancio passivo – fino ad arrivare ad un massimo di 315 milioni di dollari di attivo nel 2005 (292 milioni di dollari nel 2006).

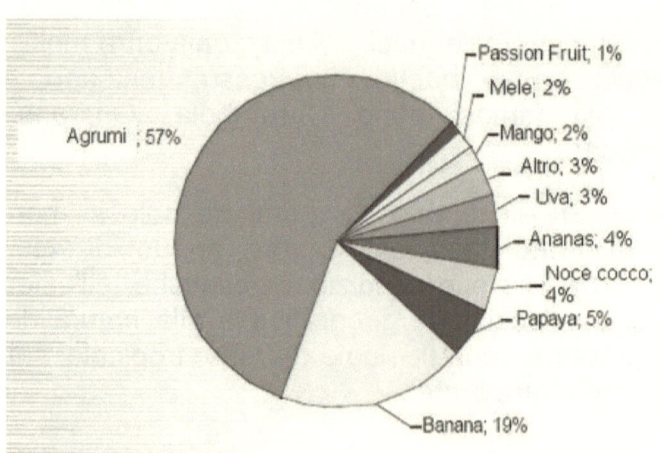

IL FRUTTO MIRACOLOSO: ACEROLA

La Acerola (malpighia glabra) è un frutto incredibile di cui noi occidentali neanche sentiamo parlare. E' il frutto che contiene più Vitamina C al mondo (quasi 30 volte più dell'arancia), contiene poi antiossidanti, anti-radicali liberi, ottima per contrastare le forme influenzali, in chi fuma per aiutare l'assorbimento del ferro, anti virale, stimola inoltre il sistema immunitario.

E' una pianta miracolosa che cresce spontanea in America centrale e meridionale, soprattutto in Brasile e in Porto Rico.

E' soprattutto utile per il suo elevatissimo contenuto in vitamina C (100 gr. di Acerola danno ca da 1.000 a 2.000 mg. di vitamina C) e perche' riesce a contrastare i radicali liberi, per il raffredore, influenza, problemi polmonari, raffreddore, bronchite, sinusite, e tutte le problematiche a carico dell'apparato respiratorio, utile nei problemi di fegato, e' utile nelle infezioni virali, nelle epatiti virali , nella varicella, ed anche nella poliomelite, ha una alta attivita antiossidante, che probabilmente e' dovuta al suo alto contenuto in vitamina C. L'uso dei frutti si impiega nella diarrea (consultare sempre il proprio medico curante).

La vitamina C non è sintetizzata dal nostro organismo e pertanto va assunta come supplemento, La Vitamina C è essenziale per la formazione del collagene, la sintesi di ormoni, la rigenerazione dei tessuti, per la sua azione antiossidante è utile per il sistema immunitario. E' una pianta essenziale insieme alla Rosa canina per il suo alto contenuto in Vitamina C per i fumatori, in quanto ogni sigaretta brucia quantità notevoli di Vitamina C.

La vitamina C stimola la sintesi dell'acido folico ad effetto rigenerazione dei tessuti, previene la formazione di nitrosammine (cancerogene), migliora l'assorbimento del ferro.

IL GUARANA'

Il guaranà (Paullinia cupana Kunth) è una pianta rampicante, sempreverde, nativa della foresta amazzonica. Allo stato spontaneo può raggiungere anche i dodici metri d'altezza; può sia appoggiarsi agli alberi della foresta (senza comunque creare alcun tipo di danno all'altra pianta), sia restare eretta senza sostegno. Quando però viene coltivata per sfruttamento industriale, è tenuta sotto forma di alberello o di arbusto, non più alto di due/tre metri, per facilitare la raccolta dei suoi preziosi semi. Il guaranà ha una storia antica. È stata pianta sacra per molte tribù di indios. A causa del suo «strano» frutto, attorno a questa piccola pianta, che altrimenti sarebbe forse passata inosservata, sono nate tantissime leggende e miti.

Vi sono leggende che, in un tempo molto remoto, ebbero per protagonista una ragazza dall'aspetto e dall'animo gentile; il suo nome era Cereaporanga ed era protetta dalla dea della bellezza e della vita. Un giorno Cereaporanga incontrò un valoroso guerriero di una tribù nemica e si innamorò di lui. Il loro amore avrebbe potuto superare tutto, ma i due innamorati non sarebbero mai riusciti a far cessare l'odio che esisteva da anni tra le due tribù; così decisero di fuggire insieme per essere felici. Durante il tragitto Cereaporanga incontra un'anaconda ferita e, nonostante il pericolo, il suo dolce cuore la spinse ad aiutarla; la curò con tutto il suo affetto, ma non sapeva che questo gesto le sarebbe stato fatale.

A causa di questa «sosta», i guerrieri della sua tribù si avvicinarono sempre più; quindi, accortasi di essere inseguita e certa che il suo uomo sarebbe stato catturato e ucciso, stabilì un patto di amore e di morte; chiese al grosso serpente di stringerli, con tutta la sua forza, nel loro ultimo abbraccio.

Gli indios, vedendo i due innamorati nel loro ultimo gesto, si disperano per la morte della loro protetta. Chiesero subito aiuto alla dea della bellezza e della vita affinché almeno lo spirito della donna non li abbandonasse; così la dea, commossa dal gesto di Cereaporanga, fece nascere dai suoi occhi una pianta i cui frutti sembrano, all'aprirsi, due splendidi occhi neri; proprio come quelli della fanciulla più bella.

Il guaranà è sempre stato considerato dagli indios come elisir di lunga vita; la sua importanza era alta in tutte le varie tribù, dato che forniva loro cibo e mezzi per curare le malattie, preparava e sosteneva l'organismo.

Il suo utilizzo era centrato soprattutto sull'effetto tonico–stimolante e veniva quindi impiegato per aumentare la resistenza fisica, per la caccia, ecc. Molte tribù di indios, però, andarono oltre a questo palese effetto e utilizzavano il guaranà anche per combattere la diarrea, per alleviare i dolori mestruali, per le malattie che indebolivano – e anche per riuscire a vedere/capire meglio le cose che ci circondano; uno scopo sicuramente legato al fatto che la pianta stessa ha gli occhi per vedere.

Venivano utilizzati esclusivamente i semi, e ogni tribù aveva il suo sistema di prepararli. Ma, in genere, gli indios brasiliani, tendono tutti alla stessa preparazione: si colgono i grappoli, scegliendo i frutti quando sono semi-aperti, che sono messi in contenitori pieni d'acqua fredda per estrarne l'epicarpo, e, dopo la pulizia, sono tostati a fuoco lento nello stesso giorno della raccolta; successivamente sono pestati.

Ridotti i semi in polvere, si aggiunge un po' d'acqua, continuando a pestarli fino a formare una pasta omogenea. A questa pasta gli si dà una forma di «panetto» e la si porta al sole, dopo viene messa a fumigare al fuoco di legni resinosi. Questo panetto viene poi grattugiato al momento del bisogno.

Nelle preparazioni del Venezuela, invece, i semi spogliati dagli involucri vengono triturati in acqua calda, addizionati con farina di manioca, lasciati fermentare per un certo tempo ed impastati con l'acqua bollente fino ad ottenere una pasta che viene essiccata e fumigata. Il guaranà, viene molto utilizzato nell'America meridionale per la preparazione di una famosa bibita, leggermente frizzante, chiamata appunto «guaranà», simile nell'aspetto e nel gusto ai vari tipi di bibite a base di cola, che ha un sottile effetto stimolante e un sapore dolce. Per il suo uso medicamentoso lo si può trovare in compresse, in bastoncini o, meglio ancora, in polvere. Ultimamente, sul mercato europeo, si trovano in commercio anche delle caramelle e dei cioccolatini a base di guaranà.

Composizione chimica: (nei semi secchi)

Fibra	**vegetale**	**49%**
Amido		**9%**
Acqua		**7/8%**
Pectina, destrina, sali minerali, acido malico		**7/8%**
Acido	**tannico***	**5%**
Guaranina	**(caffeina)**	**4/5%**
Olio	**fisso**	**2/3%**
Acido	**piro–guaranà**	**2%**
Glicosio		**1%**
Saponine		**0,06%**

* Guaranatina o acido guaranatannico, analogo alla Kolatina della Noce di Kola. La teobromina è contenuta nei fiori, nelle foglie e nella corteccia, ma manca nei semi

Proprietà terapeutiche
Le proprietà del guaranà sono innumerevoli, ampiamente sperimentate, documentate e, a seconda del soggetto, prevale un effetto su di un altro. Comunque, grazie al suo alto contenuto di principi attivi naturali si manifesta con un senso di benessere immediato, facilmente riscontrabile; la temperatura del corpo raggiunge un livello ideale e resta nel suo stato normale. È uno stimolante efficacissimo in tutti gli stati di depressione nervosa, sonnolenza, adinamia consecutiva a infezioni, malaria; favorisce la digestione nei soggetti ipopeptici ed è facile infatti, vincere con essa la cefalea consecutiva ai pasti delle persone a digestione lenta, è quindi anche stomachico.
Vince spesso la stitichezza abituale, favorendo la contrazione delle fibre muscolari delle pareti intestinali, aiuta contro il meteorismo. Eccita da un lato i centri nervosi e specialmente il cervello, del quale facilita e rende più intensa l'attività e dall'altro lato la funzione circolatoria, rinforzando la contrazione cardiaca, aumentando la pressione endovasale.

Secondo le ricerche scientifiche, il guaranà presenta proprietà antianemiche, antinfluenzali, antinevralgiche, stimolanti, analgesiche, afrodisiache, antidiarroiche e allo stesso tempo libera dalla stitichezza (dato che combatte le infezioni dei microbi che attaccano il sistema gastrointestinale, è un grande disinfettante intestinale   ).
Questo seme inoltre è un potente diuretico e diaforetico e aiuta ad eliminare i liquidi in eccesso nell'organismo, del resto riduce gli stimoli della fame, è quindi utile nelle cure dimagranti.
È inoltre un ottimo preventivo contro i mali della vecchiaia: è un eccellente tonico geriatrico.

Aquarela

Numa folha qualquer eu desenho um sol amarelo
E com cinco ou seis retas é fácil fazer um castelo.
Corro o lápis em torno da mão e me dou uma luva,
E se faço chover, com dois riscos tenho um guarda-chuva.

Se um pinguinho de tinta cai num pedacinho azul do papel,
Num instante imagino uma linda gaivota a voar no céu.
Vai voando, contornando a imensa curva Norte e Sul,
Vou com ela, viajando, Havaí, Pequim ou Istambul.
Pinto um barco a vela branco, navegando, é tanto céu e mar num
beijo azul.

Entre as nuvens vem surgindo um lindo avião rosa e grená.
Tudo em volta colorindo, com suas luzes a piscar.
Basta imaginar e ele está partindo, sereno, indo,
E se a gente quiser ele vai pousar.

Numa folha qualquer eu desenho um navio de partida
Com alguns bons amigos bebendo de bem com a vida.
De uma América a outra consigo passar num segundo,
Giro um simples compasso e num círculo eu faço o mundo.

Um menino caminha e caminhando chega no muro
E ali logo em frente, a esperar pela gente, o futuro está.
E o futuro é uma astronave que tentamos pilotar,
Não tem tempo nem piedade, nem tem hora de chegar.
Sem pedir licença muda nossa vida, depois convida a rir ou chorar.

Nessa estrada não nos cabe conhecer ou ver o que virá.
O fim dela ninguém sabe bem ao certo onde vai dar.
Vamos todos numa linda passarela.
De uma aquarela que um dia, enfim, descolorirá.

Numa folha qualquer eu desenho um sol amarelo (que descolorirá).
E com cinco ou seis retas é fácil fazer um castelo (que descolorirá).
Giro um simples compasso e num círculo eu faço o mundo (que descolorirá).

Toquinho E Vinicius De Moraes

Acquarello

Sopra un foglio di carta lo vedi il sole e' giallo
ma se piove due segni di biro ti danno un'ombrello
gli alberi non son altro che fiaschi di vino girati
se ci metti due tipi la' sotto saranno ubriachi
l'erba e' sempre verde e se vedi un punto lontano
non si scappa o e' il buon Dio o e' un gabbiano e va.

Verso il mare a volare ed il mare e' tutto blu
e una nave a navigare ha una vela non di piu'
ma sott'acqua i pesci sanno dove andare
dove gli pare non dove vuoi tu
ed il cielo sta a guardare ed il cielo e' sempre blu
c'e' un aereo lassu' in alto e l'aereo scende giu'
c'e' chi a terra lo saluta con la mano
va piano piano fuori di un bar chissa' dove va.

Sopra un foglio di carta lo vedi chi viaggia in un treno
sono tre buoni amici che viaggiano e parlano piano
da un'america all'altra e'uno scherzo ci vuole un secondo
basta fare un bel cerchio ed ecco che hai tutto il mondo
un ragazzo cammina cammina arrivando ad un muro
chiude gli occhi un momento e davanti si vede il futuro gia'.

E il futuro e' un'astronave che non ha tempo ne pieta'
va su Marte va dove vuole niente mai lo sai la fermera'
se ci viene incontro non fa rumore
non chiede amore e non ne da'continuiamo a suonare
lavorare in citta' noi che abbiamo un po' paura
ma la paura passera' siamo tutti in ballo siamo sul piu'
bello in un acquarello che scolorira'
che scolorira'.

Sopra un foglio di carta
lo vedi il sole e' giallo ma scolorira'
ma se piove due segni di biro
ti danno un'ombrello che scolorira'
basta fare un bel cerchio ed ecco
che hai tutto il mondo che scolorira'.

Toquinho E Vinicius De Moraes

CONTATTI:

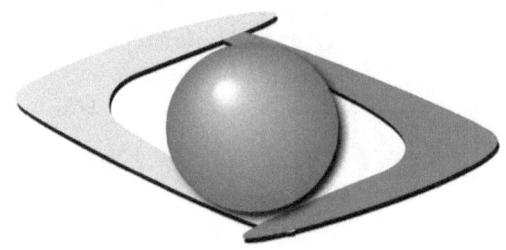

www.brazilrealproperty.com

info@brazilrealproperty.com

brazilrealproperty

MSN: msn@brazilrealproperty.com

APPUNTI

LIBRI CONSIGLIATI

Anthony Robbins
Come migliorare il proprio stato mentale, fisico, finanziario

Robert T. Kiyosaki
Padre Ricco Padre Povero

Robert T. Kiyosaki
La Cospirazione dei Ricchi

Eugenio Benetazzo
Best Before - Preparati al Peggio!

Eugenio Benetazzo
Duri e Puri

Silvano Agosti
Lettere dalla Kirghisia

DELLO STESSO AUTORE

In questo pratico e veloce libro sono raccolti, andando direttamente al nocciolo di ogni situazione e soprattutto senza filtri, dieci anni di diretta esperienza in Brasile in materia di investimenti.

INVESTIRE IN BRASILE COSA FARE E COSA NON... FARE!

Vi permetterà di partire già con un bagaglio di esperienza in materia di investimenti immobiliari e di non cadere nella miriade di "trucchetti" che inevitabilmente incontrerete nel paese del "samba" venendo a conoscenza delle CRUDE VERITA'!

Non permettete che il Vostro Paradiso si trasformi nel Vostro inferno...
A voi la scelta!
Abraço

Nuova Edizione aggiornata 2010
© Copyright 2008   Brazil Real Property
Tutti i diritti riservati

www.brazilrealproperty.com

ISBN 978-1-4452-1470-2

INVESTIRE IN BRASILE

Brazil Real Property

INVESTIRE IN BRASILE

COSA FARE E COSA NON... FARE!

Nuova Edizione 2010

In this practical guide have been collected the results of a ten years experience in terms of investments in Brazil, deeply analyzing every single situation.

INVESTING IN BRAZIL!
INSTRUCTIONS
WHAT TO DO AND
WHAT...NOT TO DO!

It will let you get started having already a considerable experience of real estate investments so that you won't be victim of the myriad of "tricks" that you will inevitably run into, being aware of the rough truth.

Don't let your Paradise turn into your Hell...

You can choose!
Abraço

Editor: Brazil Real Property
Copyright: © 2008Brazil Real Property Standard
Copyright License
Language: English
New Edition 2010

www.brazilrealproperty.com

ISBN 978-1-4457-2687-0

INVESTING IN BRAZIL

Brazil Real Property

INVESTING IN BRAZIL

ORDEM E PROGRESSO

WHAT TO DO AND WHAT... NOT TO DO!

NEW EDITION 2010

La Costituzione della Reppublica Federale del Brasile interamente tradotta in Italiano. Un supposrto fondamentale sulla legislazione brasiliana per muoversi nel mondo degli investimenti in Brasile.

Editore: Brazil Real Property
Copyright: © 2010Brazil Real Property Standard Copyright License
Lingua: Italiano

ISBN 978-1-4661-4050-5
9 781446 140505   90000

COSTITUZIONE DELLA REPPUBLICA FEDERALE DEL BRASILE IN ITALIANO

BRAZIL REAL PROPERTY

COSTITUZIONE DELLA
REPPUBLICA
FEDERALE DEL

ORDEM E PROGRESSO

BRASILE
IN ITALIANO